Irene Johanson

Die drei Jünger Johannes

6

IRENE JOHANSON

DIE DREI JÜNGER JOHANNES

Stufen christlicher Entwicklung

URACHHAUS

Die Autorin:

Irene Johanson ist Pfarrerin der Christengemeinschaft in München und Autorin zahlreicher Bücher, zuletzt »Die Frau im Evangelium« (1995) und »Schule des Schicksals. Das männliche Element im Evangelium« (1996).

Diese Karte entnahm ich dem Buch:

_____

Ich wurde darauf aufmerksam durch:

☐ Persönliche Empfehlung
☐ Buchhandlung
☐ Prospekt
☐ Anzeige in _____
☐ Besprechung

Senden Sie Ihr Verlagsverzeichnis bitte auch an folgende Adresse:

_____
_____
_____

Antwort

Verlag Urachhaus
Postfach 13 10 53
D - 70068 Stuttgart

Bitte
ausreichend
frankieren

☐ Ich bitte um kostenlose Zusendung Ihres **aktuellen Gesamtverzeichnisses.**

☐ Ich erbitte auch in den nächsten Jahren die **regelmäßige Zusendung** Ihrer Verlagskataloge.

Ich interessiere mich besonders für:

☐ Kunst und Kunstgeschichte
☐ Kultur- und Geistesgeschichte, Biographien, Literatur
☐ Philosophie, Anthroposophie
☐ Theologie, Religion
☐ Natur, Menschenkunde
☐ Zeit- und Lebensfragen
☐ Ratgeber, Pädagogik
☐ Kinder- und Jugendbücher

☐ ich erbitte ein **kostenloses Probeheft** der Zeitschrift "Die Christengemeinschaft"

Name *(bitte in Druckbuchstaben)*

Beruf

Straße

Postleitzahl, Ort

Inhalt

Vorwort zur zweiten Auflage 7

»Zum Bilde Gottes schuf er ihn« 9

Wer ist ein Johannes-Mensch? 14

Johannes der Täufer 17

Johannes der Evangelist 24

Die zwölf Jünger 29

Die drei Jünger 36

Die Johannes-Individualität in späterer Zeit 40

Die Wirkung des Johannes im einzelnen Menschen 42

Die Wirkung des Johannes in der Gemeinschaft 52

Die drei Prüfungen des werdenden Johannes-Menschen 58

Johannes – »Gott ist gnädig« 67

Johanneische Dreieinigkeit 73

Anmerkungen 84

Vorwort zur Neuausgabe

Die erste Auflage dieser Schrift, die 1987 unter dem Titel »Johannes. Stufen christlicher Entwicklung« erschien, ist durch zwei Kapitel und die Darstellung einiger neuer Zusammenhänge erweitert worden. Es ist dadurch ein anderes Buch geworden und verlangte nach einem neuen Titel. Möge der Leser eine ähnliche Entdeckerfreude und Anregung auf dem eigenen Wege zur Jüngerschaft erleben wie die Verfasserin.

München, Michaeli 1996

»Zum Bilde Gottes schuf er ihn«

Das Evangelium spricht von drei Menschen, die den Namen Johannes tragen. Es spricht von Johannes dem Täufer, der als Wegbereiter des Christus bekannt ist. Es spricht von einem zweiten Johannes, dem Bruder des Jakobus und Sohn des Zebedäus, der zu dem Zwölferkreis der Jünger gehörte, die von Christus berufen wurden. Und es spricht von einem dritten Johannes. Er hat das Evangelium und die Apokalypse, die nach ihm benannt sind, geschrieben. Es ist derjenige, der den Namen Lazarus trug und von Christus nach dreitägigem Tod ins Leben zurückgerufen wurde.

Für dieses neue Leben bekam er einen neuen Namen. Er wurde der Jünger, den der Herr liebt, das heißt, er erreichte den vollkommenen Zustand des Jüngerseins. Der Name für einen solchen Menschen, der die Jüngerschaft vollendet leben konnte, war Johannes.

Lazarus Johannes hatte das Todeserlebnis schon durchgemacht und konnte seitdem bewußt in beiden Welten leben. Für ihn gab es den Abgrund zwischen Diesseits und Jenseits nicht mehr. Von ihm konnte Christus sagen, daß er den Tod nicht schmecken würde und daß er unabhängig vom Leibe bleiben werde bis zur Wiederkunft Christi.

So gibt es also Johannes den Täufer, Johannes-Zebedäus, einen von den Zwölfen, und Johannes Lazarus, den Evangelisten.

Es sind drei verschiedene Individualitäten, die zusammen das Urbild des Menschen repräsentieren. Der Mensch, so sagt es die biblische Schöpfungsgeschichte, wurde einstmals zum Bilde Gottes geschaffen. Gott ist ein dreifaltiges Wesen, eine Drei-Einigkeit. Im Christentum nennt man sie Gottvater – Gottsohn – Gott Heiliger Geist. Der Vater ist das göttliche Element, das alles Geistige und Physische durchdringt, in dem alles, auch das, was wir Böse nennen, inbegriffen ist und das als Konzept allem Entstehen, Entwickeln und Werden vorangeht. So wie dem Bau eines Hauses das Konzept eines Architekten vorangeht oder der Aufführung einer Symphonie die Partitur des Komponisten.

Der Unterschied zwischen dem von Menschen gebildeten und dem göttlichen Konzept der Entwicklung von Menschheit, Erde und Kosmos ist allerdings groß. Wenn das Haus nach dem Konzept des Architekten gebaut ist, steht es fertig da. Die Symphonie wird getreu der vom Komponisten verfaßten Partitur aufgeführt. Das göttliche Konzept aber ist nicht fertig und darum nicht festgeschrieben, sondern in immerwährender Bewegung und Wandlung, ohne den allumfassenden Zusammenhang zu verlieren. Es gehört zu diesem Konzept das Element der menschlichen Freiheit. Sie bewirkt die Unberechenbarkeit und zugleich die Bewegtheit des göttlichen Weltenplans.

Das göttliche Gedankenelement bereitet der sprechenden Wirklichkeit, dem Leib gewordenen, Schöpfung gewordenen Wortwesen den Weg. Das Bild für diesen vorangehenden, väterlich tragenden Gott ist Johannes der Täufer. Er bereitet dem Logos, dem göttlichen Sohn den Weg, nicht nur auf die äußere Erde, sondern in die Seelen all derer, die des Christus Brüder werden. Die ersten sind die zwölf Jünger, und einer von ihnen trägt den Namen Johannes. Er ist das Bild für das Sohnesprinzip Gottes, das die Menschen zu Brüdern macht, weil Christus ihr Bruder geworden ist. Der Heilige Geist ist die Wesensart Gottes, die vom einzelnen Menschen ergriffen werden muß, damit der Mensch vom Geist ergriffen werde.

Jeder Mensch kann sich persönlich um etwas bemühen, um eine Erkenntnis, um ein Sich-Hineinversetzen in einen anderen Menschen, um einen geistigen Zusammenhang, um eine Liebe zu einem Ungeliebten, um das Hervorbringen eines Kunstwerkes. Er ergreift eine geistige Wirklichkeit und wird im gleichen Moment von ihr ergriffen, und diese doppelte Ergriffenheit teilt sich allen mit, die anwesend sind, jedem als einem ganz eigenen, einzelnen. Eine solche Geist-Ergriffenheit wird zum Bild für den Heiligen Geist, der im einzelnen Menschen so wirkt, daß viele einzelne in diesem heiligen, Grenzen aufhebenden Geist eine Gemeinschaft werden.

Lazarus-Johannes war ein einzelner, gehörte nicht zu den Zwölfen. Er wurde schon vor dem Kreuzestod Christi einer, der als einzelner die Jüngerschaft erwarb und das Urbild des Jüngers darstellte. Dieses

Urbild ist das göttliche Konzept für den Zusammenklang des einzelnen Menschen mit der Gemeinschaft anderer einzelner Menschen.

Dieses aus dem Vaterwesen hervorgehende Konzept trug Johannes der Täufer in die Menschheitsentwicklung. Er durchdrang Lazarus während des dreitägigen Todeserlebens mit einem Teil seines Wesens. Auch das ließ Lazarus zu einem Johannes werden, daß ihn etwas vom Wesen des Täufers durchdrang, so wie alle Schöpfung vom Wesen des Vaters, von seinem geistigen Konzept durchdrungen ist, aber nur durch die Logoskraft, die das Ergreifen des Geistes bewirkt, vom Menschen erlebt werden kann. Das meint auch das Christuswort: »Niemand kommt zum Vater denn durch mich.«

Wie die göttliche Dreifaltigkeit zugleich eine Dreieinigkeit ist, so sind die drei Individualitäten, die den Namen Johannes tragen, in ihrem Zusammenklingen eine Einigkeit.

Christengemeinschaft im ursprünglichen Sinn orientiert sich an dem vorangehenden Konzeptwesen der Menschheit, dem Vatergott. Jeder wahre Christ erlebt das sprechende Bruderwesen Christi in sich und im anderen Menschen. Im individuellen Ergreifen der geistigen Wirklichkeit wird der einzelne von dem ergriffen, der von allen anderen auch als der ergriffene und zugleich ergreifende Geist erlebt wird und die Menschen so eint im Namen der göttlich-menschlichen Dreieinigkeit.

In diesem Bewußtsein und in diesem Bemühen kann sich auch heute das dreifaltige Johanneswesen, das sich durch drei Individualitäten offenbart hat, unter uns verwirklichen: Johannes der Täufer als Wegbereiter, als der, der den Vatergott als Menschheitskonzept demutvoll in seinem Leibes- und Lebensumkreis trägt, (wie es im Johannigebet der Christengemeinschaft formuliert wird), Johannes der Jünger, der der Bruderschaft Christi angehört, und Johannes der Evangelist, dem als Symbol der Adler, das Bild des Geistes, zugeordnet ist. Der Heilige Geist, den Christus vom Vater sendet, wie er es in seinen Abschiedsreden den Jüngern verheißen hat, er bewirkt, daß das Ichwesen sich nicht mehr allein in der Trennung erlebt, sondern in der Hingabe, in der Liebe zu dem anderen. Er bewirkt die Gemeinschaft freier Geister. Davon zeugt der Evangelist Johannes.

Im folgenden wollen wir nun zeigen, wie diese drei Johanneischen Wesensarten im Evangelium urbildhaft dargestellt und von uns heutigen Menschen so aufgenommen werden können, daß auch wir uns auf den Weg begeben, Johannes, das heißt Jünger zu werden, die der Herr liebt.

Wer ist ein Johannes-Mensch?

Entscheidend für die Zukunft jedes einzelnen und für die Zukunft der Erde ist die innere Beziehung des Menschen zum Johannes-Wesen, wie wir es im vorangehenden Kapitel beschrieben haben. Es gibt ja viele Menschen, bedeutende oder wenig bekannte, die den Namen Johannes tragen. Ist doch dieser Name ein Name wie jeder andere, den jedes Elternpaar seinem Sohn geben kann. Es gibt aber nur einen, von dem die Überlieferung sagt, daß er den Namen Johannes durch den Boten höherer Welten erhielt, durch den Engel Gabriel. Diese Geschichte wird im Lukas-Evangelium erzählt:

»Es war zu der Zeit, als Herodes König von Judäa war. Da lebte ein Priester namens Zacharias, der in der Gruppe des Abia seinen Dienst verrichtete. Sein Weib gehörte zu den Töchtern Aarons und hieß Elisabeth. Sie waren beide an das Gute hingegeben; das Auge der geistigen Welt ruhte auf ihnen, und sie wandelten mit makelloser Seele den Pfad der göttlichen Ordnungen und Ziele. Sie hatten kein Kind, da Elisabeth unfruchtbar war, und standen beide schon in hohem Alter.

Als einmal innerhalb seiner Gruppe die Reihe an Zacharias kam, vor Gottes Antlitz den Dienst am Altar zu verrichten, ging er nach priesterlichem Brauch zur Darbringung des Rauchopfers in den Tempel des Herrn, während die Menge des Volkes draußen die Stunde der Räucherung mit ihrem Gebet begleitete.

Da schaute er den Engel des Herrn an der rechten Seite des Altars stehen, von dem der Rauch emporstieg. Der Anblick erschütterte Zacharias, und Furcht überkam ihn. Aber der Engel sprach zu ihm: Fürchte dich nicht, Zacharias. Dein Flehen hat Erhörung gefunden; dein Weib Elisabeth wird einen Sohn gebären, und du sollst ihm den Namen Johannes geben. Freude und Frohlocken wird dich erfüllen; vielen Menschen wird durch seine Geburt Freude zuteil. Größe wird ihm eigen sein vor dem Angesicht des Herrn. Keinen Wein wird er trinken, nichts Berauschendes wird er genießen, und schon vom Mutterleibe an wird ihn der Heilige Geist erfüllen. Viele Söhne des Gottesvolkes wird er dem Herrn, ihrem Gott, wieder zuwenden. Sein Vorläufer und Wegbereiter wird er sein. Den Geist und die Kraft des Elias wird er in sich tragen. Umwandlung der Herzen wird er bewirken, so daß die Väter den Sinn der Kinder und die Gottentfremdeten den Sinn des Guten wiederfinden. So wird er dem Herrn ein wohlgerüstetes Volk bereiten.«

Da ist also ein Mensch, der unbedingt diesen Namen auf Erden bekommen muß, weil er seinem geistigen Wesen ganz entspricht. Auch im Johannes-Evangelium wird das betont: »Es ward ein Mensch, gesandt war er von Gott, mit *seinem* Namen Johannes.« Er ist also der Eine mit seinem Namen Johannes.

Ganz anders ist es in der Weisheit der Volksmärchen. In den Märchen wird meistens einfach vom König, Müller, Bauer, Jäger, Fischer gesprochen und von deren Söhnen und Töchtern, dem Königssohn, der Müllerstocher usw. Wenn aber ein männlicher Name vorkommt, dann ist es, mit ganz wenig Ausnahmen, der Name Johannes. Da ist der treue Johannes, der Hans im Glück, der Eisenhans, Hänsel und Gretel, der starke Hans und in den russischen Märchen immer wieder Iwan-Johannes. In den Märchen heißt der Mensch Johannes, der auf dem Weg der inneren Abenteuer ist, der durch Tode und Geburten geht, durch Gefahren und Prüfungen, um immer mehr Mensch zu werden, man könnte auch sagen, um immer mehr Christ zu werden.

Johannes der Täufer, der seinen Namen vom Engel bekam, hat etwas zu tun mit dem Menschen, der auf dem Weg ist und der in den Märchen den Namen Hans, Johannes oder Iwan trägt. Und auch die Menschen haben etwas mit Johannes dem Täufer zu tun, die in den Evangelien den Namen Johannes tragen: der Schreiber des Johannes-Evangeliums und der Jünger Johannes, einer von den Zwölfen. Wenn wir diesen Urbildern nachgegangen sind, werden wir auch verstehen, warum in der Christengemeinschaft dem Johanneswesen eine vierwöchige Festzeit gewidmet ist und sein Name als einziger Menschenname im Gottesdienst angerufen wird.

Johannes der Täufer

*»Im Anfang war das Wort
und das Wort war bei Gott
und ein Gott war das Wort.
Dieses war im Anfang bei Gott.
Alles ist durch dasselbe geworden,
und außer durch dieses
ist nichts von dem Entstandenen geworden.*

*In diesem war das Leben,
und das Leben war das Licht der Menschen,
und das Licht schien in die Finsternis,
aber die Finsternis hat es nicht begriffen.*

*Es ward ein Mensch,
gesandt war er von Gott,
mit seinem Namen Johannes.«*

Wie mit einer in sechs Verse zusammengezogenen Schöpfungsgeschichte beginnt das Johannes-Evangelium. In der Schöpfungsgeschichte des Alten Testaments heißt es statt »Im Anfang war das Wort« immer wieder: »Und Gott sprach: Es werde ... und es ward.« Es wird Licht, es wird Leben, es wird die Finsternis der unbewußten Seelen, die das Licht noch nicht begreifen. Alles ist durch das Wort entstanden, dadurch, daß Gott sprach. Im Schöpfungsbericht des

Alten Testaments sagt Gott: »Lasset uns den Menschen machen, ein Bild, das uns gleich sei.« An dieser Stelle sagt das Johannes-Evangelium in seinem zusammengedrängten Schöpfungsbericht: Es »ward« (nicht: es war, sondern das griechische Wort für werden): »Es ward ein Mensch, von Gott war er gesandt, mit seinem Namen Johannes.«

Mensch heißt auf hebräisch Adam. So könnte man auch einmal sagen: Es ward ein Adam, von Gott gesandt, mit seinem Namen Johannes. Das Alte Testament sagt: Er wurde zum Bilde Gottes geschaffen, damit Gott sich in ihm sehen, erkennen, erleben kann. Entsprechend sagt das Johannes-Evangelium, daß der Mensch kam zum Zeugnis, daß er Zeugnis ablege von dem Lichte, vom göttlichen Wesen, damit durch ihn, den Menschen, von Gott etwas gehört, erlebt, erfahren werden kann.

Natürlich wird hier von Johannes dem Täufer gesprochen, aber in der Komposition dieser ersten Verse des Johannes-Evangeliums liegt die Beziehung verborgen, die zwischen dem Adam-Menschen und Johannes besteht. Adam ist der erste Mensch. Diesen Namen trägt aber die ganze Gattung der ersten Menschheit, die da wie ein Wesen geschaffen wurde. Michelangelo hat in seinem bekannten Bilde »Die Erschaffung des Adam« dargestellt, wie Gott-Vater den Menschen erweckt, den Lebensfunken zu ihm überspringen läßt und zugleich in seinem wallenden Mantel schon die ganze Menschheit trägt in diesem Schöpfungsakt.

Adam – der Mensch, das ist die Menschheit des Anbeginns. Sie ist noch ein großes Zusammengehöriges. Die jüdische Überlieferung erzählt, wie durch den Sündenfall das Menschheitswesen aus den himmlischen Welten vertrieben wurde, wie aber etwas von dieser Menschheitsseele, das rein geblieben war, das der Verführung nicht erlegen war, als Adam Kadmon, als reiner Mensch zurückblieb. Der Mensch aber, der Adam, mit seinem Namen Johannes, trat den neuen Weg an, zum Bilde Gottes, zum Zeugen des Lichtes zu werden.

Johannes heißt auf deutsch: Gott ist gnädig. Das ist die Verheißung, die der Adam-Mensch auf diesem Weg in die Ferne von Gott mitbekommt mit seinem Namen Johannes: Gott ist gnädig. So läßt uns das Johannes-Evangelium ahnen, daß Johannes das Wesen ist, das in der ersten Menschheit den Weg des Menschen begann, auf dem er einmal, dem väterlichen, göttlichen Konzept entsprechend, zum Bilde Gottes werden soll. Dieser Weg führt zunächst in die Gottferne.[1] Dem Leibe nach ist es eine Adam-Menschheit. Dem Geiste nach ist ihr die Verheißung mitgegeben: Gott ist gnädig, als ihr zukünftiger Name: Johannes.

Die Bibel berichtet in mythischen Bildern vom Fortgang dieser Adam-Menschheit. Sie schildert im Bild des Turmbaus zu Babel und seiner Zerstörung das Ereignis, durch das die eine Menschheit in viele Völker gespalten wird. Ein Volk entsteht erst später. Es wird durch die Einwirkung Gottes neu gebildet. Abraham, Isaak und Jakob sind die Urväter der zwölf Stammväter Israels. Israel wird das auserwählte Volk, in dem der Messias geboren werden soll, der die

Menschheit mit ihrem göttlichen Ursprung wieder verbindet.

In diesem Volk Israel erscheint nun der Prophet. Es hat viele Propheten in diesem Volk gegeben. Von Prophetenschulen wird erzählt. Aber dieser ist *der* Prophet, von dem gesagt wird, daß er wieder kommt, um dem Messias voranzugehen. Es ist der Prophet Elias. Von dem Zusammenhang zwischen Elias und Johannes dem Täufer sprechen besonders die drei synoptischen Evangelien. Lukas berichtet, wie der Engel Gabriel dem Vater des Johannes, dem Priester Zacharias, ankündigt, daß der Sohn im Geist und in der Kraft des Elias leben wird. Die Mutter des Johannes heißt Elisa-beth, das heißt Haus des Elias. (Elias und Elisa sind im Hebräischen der gleiche Name. Es wurden die Konsonanten gelesen. Die Vokale können verschieden eingesetzt werden.) In Elisabeth bildet der Geist des Elias sein Leibeshaus.

Im II. Kapitel des Matthäus-Evangeliums spricht Christus über Johannes und beendet seine Rede mit den Worten: »Und wenn ihr es annehmen wollt: Er ist Elias, der wiederkommen sollte. Wer Ohren hat zu hören, der höre es.« Und noch später, als er mit den drei herausgerufenen Jüngern vom Berge Tabor herabkommt und ihnen vom bevorstehenden Leiden spricht, fragen ihn diese: »Muß nicht zuvor Elias kommen, bevor der Messias seine Mission erfüllen kann?« Und er antwortet ihnen: »Elias ist bereits erschienen, und sie haben mit ihm gemacht, was sie wollten. Da verstanden die Jünger, daß er von Johannes dem Täufer zu ihnen sprach.«[2]

Der große Menschheitsgenius, der in der Adam-Menschheit mit seinem noch verborgenen Namen Johannes lebte, zog sich zusammen in ein Volk, in das auserwählte Volk Israel, um darin als Wegbereiter für den Messias zu wirken. Er war nicht in einem einzelnen Menschen zu fassen. Niemand wußte, wo und von wem er geboren war. Von anderen Menschen, auch Propheten, wird im Alten Testament immer gesagt, wessen Sohn sie sind. Elias taucht plötzlich auf und verschwindet wieder, um unerwartet woanders zu erscheinen. Er lebt in der Atmosphäre seines Volkes, in den Elementen, im Wettergeschehen. Er führt, im Einklang mit der Gottheit, die Dürre herbei und bewirkt zur gottgewollten Zeit den Regen. Er läßt Feuer vom Himmel fallen, um den Baalspriestern die Macht seines Gottes zu zeigen. Er ist die Seele des Volkes, in der die einzelnen Menschen wie in einer Wolke leben. Und zugleich ist er der Erste, der die Stimme Gottes nicht mehr im Wasser, im Sturm, im Erdbeben oder im Feuer hört, sondern als sanftes Säuseln im eigenen Inneren. Das ist der Anfang der Gewissensstimme. Er stirbt nicht wie ein Erdenmensch, sondern sein Schüler Elisa sieht, wie er in einem Feuerwagen zum Himmel auffährt. Elisa ruft ihm nach: »Mein Vater, mein Vater, Wagen Israels und seine Reiter.« Elias ist das umfassende, durchdringende geistige Vaterwesen Israels.

In Johannes dem Täufer zieht dieser große sphärische Geist, der erst die Menschheit, dann das Volk Israel durchdrang, in einen einzelnen Menschen ein. In diesem kurzen Menschenleben verzichtet er auf alle sphärische Ausbreitung und Wirkung. Er wird die Stimme eines Rufers in der Wüste, in der Einsamkeit des Ich-Menschen. Und er spricht zu den Menschen, die in Scharen zu ihm kommen, um ihn zu hören und sich von ihm taufen zu lassen, aber seine Worte treffen jeden einzelnen in seiner ganz persönlichen Existenz. Jeder muß seinen eigenen Sinn ändern, muß Selbsterkenntnis erfahren. Jeder einzelne geht durch das Tauferlebnis.

Johannes ist der Wegbereiter in den einzelnen Menschen. Er lebt ganz in der Hingabe an seinen Auftrag. Gerade in dieser Hingabe vollzieht sich das Mysterium, das er ausdrückt mit den Worten: »Er muß wachsen, ich muß abnehmen.« Hingabe ist das Medium dafür. Je mehr ich mich hingebe, um so mehr bin ich in dem, dem ich mich hingebe. Dieser ist aber nicht mehr ich, sondern der Christus in mir.

Das Wesen Christi ist Hingabe, ist Liebe. Es wächst auch in der Hingabe des Johannes an ihn. Das große sphärische Wesen des Elias wird wirksam im einzelnen Menschen, verliert das Eliashafte und wird Johannes. So mußte er, als man ihn fragte: »Bist du Elias?« antworten: »Nicht ich bin«, »ouk eimi.«[3] Darin drückt er aus, daß er nicht als Elias wirkt und auch, daß er nicht das Ich bin, das ego eimi des Christus verkörpert, daß er beides nicht ist, sondern der Wegbereiter zu beidem.

So geht das Wesen von Johannes dem Täufer aus der umfassenden Adam-Menschheit durch die Seele des Volkes Israel in die Einsamkeit des einzelnen Ich-Menschen, der sich hingibt an den Größeren, der nach ihm kommt und vor ihm gewesen ist. Nur Christus, nicht Johannes, kann von ihm sagen, daß er Elias ist und daß er der Größte ist unter allen von Frauen Geborenen und der Kleinste im Reiche der Engel.[4]

Nach dem Tode von Johannes dem Täufer tritt dann eine neue Wirksamkeit seines Wesens ein. Diese Wirksamkeit wird deutlich an den Jüngern des Christus, die auch den Namen Johannes tragen.

Johannes der Evangelist

Im Johannes-Evangelium wird der Name Johannes nur für den Täufer gebraucht. Sich selbst nennt der Evangelist immer »den Jünger, den der Herr liebt«. Den Jünger Johannes, der zu den Zwölfen gehört, erwähnt er nur einmal zusammen mit dem Bruder Jakobus als die Söhne des Zebedäus.[5] Aber noch von einem anderen spricht er als von dem, »den der Herr liebt«, und das ist Lazarus. Unmittelbar vor der Auferweckung des Lazarus wird zum letzten Mal von Johannes dem Täufer gesprochen. Lassen wir das auf uns wirken:

»Und wieder suchten sie ihn zu ergreifen, aber er entschlüpfte ihrer Hand.

Und er begab sich wieder in die Gegend jenseits des Jordans, an die Stelle, wo Johannes am Anfang getauft hatte. Dort blieb er. Und viele kamen zu ihm und sprachen: Johannes hat keine Zeichen getan, aber alles, was Johannes über diesen gesagt hat, das ist wahr. Viele waren es, die dort Vertrauen zu ihm faßten.

Es war einer krank: Lazarus aus Bethanien, dem Wohnort der Maria und ihrer Schwester Martha. Das war die Maria, die den Herrn mit kostbarer Salbe gesalbt und seine Füße mit ihren Haaren getrocknet hatte. Ihr Bruder Lazarus wurde krank. Da schickten die Schwestern zu ihm und ließen ihm sagen: Herr, siehe, dein Freund ist krank. Als Jesus das hörte, sprach er: Diese Krankheit führt nicht zum Tode, sondern zur Offenbarung Gottes; die Schöpfermacht des Sohnes Gottes soll sich offenbaren durch sie.«

Christus weilt also an dem Ort, wo Johannes der Täufer gewirkt hat. Er taucht dort ein in dessen Sphäre, und dort erreicht ihn der Ruf, zu Lazarus zu kommen, zu dem, den er liebt. Er verweilt noch etwas in der Gegend des Johannes und geht dann nach Bethanien zu Lazarus, der, als Christus zu ihm kam, dreieinhalb Tage im Grabe gelegen hat.

Daß es sich bei dieser Auferweckung um einen Einweihungsvorgang gehandelt hat, ist zuerst von Rudolf Steiner, nach ihm von manchen anderen Theologen dargestellt worden.[6] Die Seele des Lazarus verließ den Leib, wie es im Tod geschieht. Leibbefreit erlebte sie die Durchdringung mit dem Wesen des Johannes, der in dem Täufer gelebt hatte, der schon gestorben war. Johannes teilte sich ihm im wahrsten Sinne des Wortes mit und wirkte so in ihm, daß Lazarus selber ein Johannes wurde. Er wurde der erste Mensch, in dem sich das erfüllte, was Rudolf Steiner einmal so aussprach: »Johannes heißen alle, die erweckt sind. Das ist ein Gattungsname, und die Auferweckung des Lazarus im Johannes-Evangelium ist nichts anderes als die Beschreibung dieser Erweckung. Der Schreiber des Johannes-Evangeliums nennt sich nie anders als ›der Jünger, den der Herr liebt‹. Das ist die Bezeichnung für die intimsten Schüler, für diejenigen, bei denen es dem Lehrer und Meister gelungen ist, den Jünger zu erwecken. Die Beschreibung einer solchen Erweckung gibt der Verfasser des Johannes-Evangeliums in der Auferweckung des Lazarus: ›der Herr liebte ihn‹, er konnte ihn erwecken.«[7]

Johannes der Täufer wurde in Lazarus der Wegbereiter für den Christus, indem er sich an ihn hingab, Lazarus' Wesen mit dem Johanneswesen durchdrang, so daß Lazarus ein Johannes wurde. Dieser Jünger, den der Herr liebt, konnte als einziger den Meister begleiten bis unter das Kreuz. Dort empfing er von ihm die Mutter Jesu, nahm sie, wie es heißt, »von Stund an zu sich«.[8] Grünewald hat etwas von diesem Geheimnis geahnt, als er zu den beiden, dem Jünger, den der Herr liebt, und der Mutter Jesu Johannes den Täufer unter das Kreuz malte, der ja längst enthauptet und nicht mehr im Leibe war.

Die eine Wirkung von Johannes dem Täufer nach seinem leiblichen Tod ist also, daß er weiterhin in einem einzelnen Menschen so wirkt, daß dieser auf den Weg kommt, ein Johannes zu werden. Dafür ist Lazarus-Johannes das Urbild. Der Jünger, den der Herr liebt, ist der Verfasser des Johannes-Evangeliums und der Apokalypse des Johannes. Als ein Erweckter, ein geistig Schauender hat er es geschrieben. Darum heißt es nicht Lazarus-, sondern Johannes-Evangelium. Darum ist dieses Evangelium auch so völlig anders als die drei anderen. Es ist aus der Schau des Johannes geschrieben, der in sich die Wirksamkeit des Täufers erfuhr und der nicht zu dem Kreis der Zwölf gehört.

So enthält das Johannes-Evangelium keine einzige Szene, die direkt von der Zwölfheit spricht. Es bringt nicht die Berufung der Zwölf und ihre Namen, nicht die Aussendung der Zwölf. Bei der Speisung der Fünftausend erwähnen die anderen, daß die zwölf Jünger Brot und Fisch austeilen. Bei Johannes tut das Christus selbst, denn er sieht hier den geistigen Aspekt, die drei anderen Evangelisten den irdischen. Auf der Erde haben die zwölf Jünger Brot und Fische ausgeteilt. Geistig gesehen war es Christus durch sie.

Das Abendmahl mit Brot und Wein wird bei Johannes nicht beschrieben, sondern statt dessen die Fußwaschung. Es wird gesagt, daß Judas den Bissen von Jesus gereicht bekam. Aber statt der Einsetzung des Abendmahls bringt Johannes die Abschiedsreden. Das Wort Christi ist da die nährende Speise, das Brot. Er bringt auch nicht die Szenen, in denen die drei Jünger – Petrus, Johannes und Jakobus – gesonderte Erlebnisse mit Christus haben.

Das Johannes-Evangelium ist das Evangelium des Ich-Bin, des Ego eimi. Nur dort finden wir die sieben Ich-Bin-Worte des Christus. Dort wird die Heilung des Blindgeborenen erzählt. Als die Jünger den Herrn nach der Ursache seiner Blindheit fragten, antwortete Christus ihnen: »Damit sich Gott durch ihn offenbare.« Der Gott in ihm ist das Ichwesen in ihm. Es offenbart sich in den Schritten zur Unabhängigkeit von Familie und Glaubensgemeinschaft, und es offenbart sich, indem dieser von Blindheit Geheilte im ganzen Evangelium der einzige Mensch ist, der sich mit der Wesensbezeichnung Christi nennt: Ich bin.[9]

Wir müssen uns den drei anderen Evangelien zuwenden, wenn wir erfahren wollen, wie Johannes der Täufer nicht nur im einzelnen, sondern noch auf eine andere Weise nach seinem Tod gewirkt hat.

Die zwölf Jünger

»Und er durchzog lehrend die Orte des Umkreises. Dann rief er die Zwölf zu sich und fing an, sie paarweise auszusenden; er übertrug ihnen Vollmacht über die unreinen Geister; und er gebot ihnen: Auf eurem Weg nehmet nichts mit außer einem Stabe, kein Brot, keine Tasche, kein Geld im Gürtel. Wohl aber sollt ihr Sandalen an den Füßen tragen. Zieht auch nicht zwei Röcke an. Und er sprach weiter zu ihnen: Wenn ihr in ein Haus eingekehrt seid, so bleibet dort, bis ihr den Ort wieder verlasset. Und kommt ihr an einen Ort, wo man euch nicht aufnimmt und nicht auf euer Wort hört, so schüttelt, wenn ihr weiterzieht, den Staub ab, der sich an eure Füße geheftet hat. Das soll ihnen eine Lehre sein. Und sie zogen aus und riefen durch ihre Verkündigung die Menschen zur Sinneswandlung auf und trieben viele Dämonen aus und salbten viele Kranke mit Öl und heilten sie.

Und der König Herodes hörte davon, denn Jesu Name war bekannt geworden, und er sprach: Johannes der Täufer ist vom Tode auferstanden, daher kommt es, daß solche Kräfte durch ihn wirken. Andere sprachen: Es ist Elias; wieder andere sagten, er sei ein Prophet oder einer von den Propheten. Aber als Herodes das hörte, sprach er: Der, den ich enthauptet habe, Johannes, er ist auferstanden.

Herodes hatte nämlich Boten ausgesandt, um Johannes gefangenzunehmen, und hatte ihn gefesselt in den Kerker geworfen wegen Herodias, des Weibes seines Bruders Philippus, mit der er sich vermählt hatte. Johannes hatte zu Herodes gesprochen: Du darfst nicht das Weib deines Bruders zum Weibe nehmen. Da stellte Herodias ihm nach und wollte ihn töten, aber es gelang ihr nicht; denn Herodes blickte mit großer Scheu auf Johannes; er wußte, daß er an das Gute hingegeben und ein geistdurchdrungener Mensch war. Er bewachte ihn gut und hörte auf ihn, obwohl er dadurch in manche Verlegenheit kam; er hörte ihm gerne zu.

Dann kam einmal ein festlicher Tag. Herodes lud zum Fest seiner Geburt die Vornehmsten seines Reiches und die Obersten seines Heeres und die Fürsten von Galiläa zum Mahle ein. Als nun die Tochter der Herodias hereintrat und tanzte, gefiel sie Herodes und den Gästen des Mahles sehr. Da sprach der König zu dem Mädchen: Fordere von mir, was du willst, ich werde es dir geben. Und er schwor ihr: Alles, was du fordern wirst, werde ich dir geben, bis zur Hälfte meines Königreiches. Sie ging hinaus und fragte ihre Mutter: Was soll ich fordern? Herodias sprach: Das Haupt Johannes des Täufers. Und sogleich eilte sie voll Eifer wieder hinein zum König und sprach: Ich will, daß du mir unverzüglich auf einer Schüssel das Haupt Johannes des Täufers gibst. Da wurde der König bestürzt und traurig, aber wegen seines Schwures und wegen der Tischgäste wollte er ihr die Bitte nicht abschlagen. Und so schickte der König auf der Stelle einen Soldaten von der Wache aus und befahl ihm, das Haupt herbeizuschaffen. Dieser ging hin und enthauptete ihn im Kerker und brachte sein Haupt auf einer Schüssel und gab es dem Mädchen, und das Mädchen gab es seiner Mutter. Und als seine Jünger davon erfuhren, kamen sie und nahmen seinen Leichnam und legten ihn in ein Grab.

Und die Apostel kamen wieder bei Jesus zusammen und berichteten ihm alles, was sie getan und gelehrt hatten.«

Die Zwölf werden also, wie es im Markus-Evangelium Vers 7-30 zu lesen ist, von Christus ausgesendet. Sie heilen und predigen, die Menschen sollen Buße tun. Herodes hat den Eindruck von ihrem Wirken, daß Johannes der Täufer auferstanden sei und selber das alles vollbringt. Es wird aber genau erzählt, wie Johannes gestorben ist. Seine Todesgeschichte ist hineinkomponiert zwischen Aussendung und Rückkehr der Zwölf. Anschließend wird auch noch die Speisung der Fünftausend erzählt, bei der die Zwölf austeilend mitwirken.

Rudolf Steiner hat uns darauf aufmerksam gemacht, daß Herodes eine ganz richtige Empfindung hatte. Johannes der Täufer beginnt nach seinem Tode wieder einen sphärischen Umkreis zu bilden, atmosphärisch zu wirken. Er ist nicht mehr in einen einzelnen Menschen gebannt, sondern wirkt als »der Größte unter den Menschen und der Kleinste im Reiche der Engel« als Gruppengeist der Zwölferschar. Wie einstmals die zwölf Söhne Jakobs die Stammväter des auserwählten Volkes waren, in dem dann Elias-Johannes als die Seele des Volkes wirksam war, so sind die zwölf Jünger die Stammväter eines neuen geistigen Volkes, der werdenden Christenheit, und Johannes ist die Seele dieses Christusvolkes. Er wirkt als der Genius in ihrer Mitte und durch sie unter den Menschen. Wie Elias einstmals bewirken konnte, daß bei der Witwe von Sarepta das Mehl im Kasten und das Öl im Krug sich vermehrte, so war auch jetzt dieser Geist anwesend, als Brot und Fisch vermehrt wurde. Er lebte in der Gemeinschaft der Zwölf.

Als einzelne waren diese zwölf Jünger vor dem Tode ihres Herrn noch nicht fähig, Johannes-Menschen zu werden. Aber in der Zwölfheit konnten sie Johannes in sich tragen, den Jünger, den der Herr liebt, in ihrer Mitte fühlen. So war er auch am letzten Abend in ihrer Mitte. Davon spricht ja nur das Johannes-Evangelium. Johannes der Evangelist ist ganz durchdrungen vom Genius der Jüngerschar, von Johannes dem Täufer. Er erlebt im Schauen und Schreiben seines Evangeliums die irdischen Vorgänge im geistigen Bereich. Er sieht die Zwölf versammelt um ihren Herren, die Zwölf um den Dreizehnten, so wie es uns das uralte Wahrbild aus dem Kosmos zeigt, die zwölf Tierkreisgestirne um die Sonne. Und er sieht zugleich ihren Genius, den wahren Jünger, den der Herr liebt, der an seinem Herzen ruht, der eins ist mit Johannes dem Täufer. Er erlebt sich selbst in der geistigen Vereinigung mit dem Genius, dem Gruppengeist der Zwölf. So wie Grünewald Johannes den Täufer unter das Kreuz malte, unter dem er leibhaftig niemals hat stehen können, weil er schon enthauptet war, so haben auch einige Maler den Jünger, den der Herr liebt, als Dreizehnten auf die Bilder des Abendmahls gemalt, obwohl er leibhaftig nicht dabei war. Aber geistig war er in ihrer Mitte und lag am Herzen Jesu.

Nur das Johannes-Evangelium erzählt, daß auf die Mitteilung Jesu: »Einer von euch wird mich verraten« Petrus den Jünger, den der Herr liebt, auffordert, ihn zu fragen, wer es sei. Lukas schildert, daß jeder der Jünger erschrocken fragte: »Bin ich's?« Matthäus schildert, daß Judas fragt: »Bin ich es?« Und Jesus antwortet ihm: »Du sagst es.« Der irdische Aspekt ist, daß jeder Jünger sich betroffen fühlt. Der geistige Aspekt ist, daß der Geist ihrer Gemeinschaft die Frage stellt: »Wer ist es?« Und der Jünger, den der Herr liebt, ist eins mit diesem Geist. Er erlebt geistig dieses Ereignis mit, nicht auf dem irdischen Plan.

In der Tradition des Christentums haben sich die Berichte – der aus dem Johannes-Evangelium und die aus den drei anderen Evangelien – ineinander geschoben. So haben auch die meisten Maler das Einsetzungsmahl mit Brot und Wein gemalt, wie es die Synoptiker schildern, und dazu den Jünger an des Herren Brust, wie es Johannes schildert, der nicht vom Abendmahl spricht, wohl aber vom Bissen, den Judas gereicht bekommt. Auf diesen Bildern bleibt der Genius der Zwölf im Unsichtbaren, aber durch den einen, der an des Herren Brust liegt, wird er repräsentiert. Er ist derjenige, der von Anfang an dabei war und den Namen Johannes trägt, der als Sohn des Zebedäus am Abendmahl teilnahm, den anderen vertretend, der als der Jünger, den der Herr liebt, eins war mit dem Genius ihrer Gemeinschaft und geistig in ihrer Mitte weilte.

Diese Vorstellung hat durch Jahrhunderte im Christentum gelebt. So kam es, daß Johannes Zebedäus identifiziert wurde mit dem Jünger, der beim Mahl an des Herrn Brust lag, und nur wenige ahnten etwas von dem Geheimnis des »Jüngers, den der Herr liebt«, wie es durch Rudolf Steiner ausgesprochen wurde. Erst nach der Auferstehung gehen aus der Gemeinschaft der Zwölf Schritt für Schritt einzelne hervor und werden auch Jünger, die der Herr liebt.

So beginnt ganz allmählich die Wirkung des Wesens wieder groß und umfassend zu werden, das einstmals in der Adam-Menschheit als ihr Geist zu wirken begann, dann als Elias im Volk des Herrn wirkte im Wetter, in den Elementen, und der auch im Innersten die Stimme Gottes vernahm. In Johannes dem Täufer zog er sich zusammen in einen Menschen und weckte in ihm die Bereitschaft, sich dem Christus hinzugeben und ihn in sich einzulassen, sein Jünger zu werden. So konnte er nach seinem leiblichen Tod wieder die Seele eines Volkes werden, das aber nicht durch Blutsbande, sondern durch geistige Bande mit den zwölf Brüdern Christi, mit den Jüngern verbunden ist. Einmal wird daraus wieder eine neue Menschheit erwachsen, »der alle angehören, die die heilbringende Macht des Christus empfinden«.[10] Einmal wird aus der Adam-Menschheit eine Johannes-Menschheit geworden sein. Der Mensch, der Adam, der am Anfang ward, wird seinen Namen erfüllen:

Johannes – Gott ist gnädig. Jeder kann auf dem Wege sein, ein Johannes zu werden, ein Jünger, den der Herr liebt. Drei von den Zwölfen waren die ersten, die sich auf diesen Weg begeben haben, nicht als der einzelne, wie Lazarus, sondern aus der Kraft der Gemeinschaft, die von Johannes als ihrem Genius durchdrungen war.

Die drei Jünger

Von Anfang an werden drei Jünger aus der Zwölfheit herausgehoben, indem sie bei der Berufung von Christus einen zusätzlichen Namen bekommen. Simon bekommt den Namen: der Fels, griechisch Petros. Die beiden Söhne des Zebedäus, Johannes und Jakobus, bekommen den Namen Donnersöhne.[11] In diesen Namen klingt die Welt der Elemente auf, Felsen und Donner. Sie rufen etwas von der Eliaswelt herein, die in Blitz und Donner wirksam war und die Felsen beben machte. Gerade diese drei Jünger mußten später Seelengewitter durchmachen, und Petrus erfuhr, wie der Grund, auf dem er zu stehen glaubte, bebte. Eliashaftes wirkt in dem Schicksal der drei. Christus läßt das in ihren neuen Namen antönen.

Noch ein anderes Namensgeheimnis ist mit ihnen verbunden. Der eine heißt von Anfang an Johannes. Wie eine Verheißung ist ihm dieser Name mitgegeben. Der andere heißt Jakobus, ist aber zugleich ein Bruder des Johannes, trägt also eine Verwandtschaft, ein Brudersein zu dem Johanneswesen als Zukunft in sich. Der dritte, Simon, wird im Johannes-Evangelium in dem Augenblick, als er seinen neuen Namen »Petrus« erhält, angesprochen als »Simon, Sohn des Johannes«. Auch nach der Auferstehung wird er dreimal von Christus Simon, Sohn des Johannes genannt

(s. auch S. 67), verbunden mit der Frage nach seiner Liebe.[12] Wenn er im Matthäus-Evangelium »Sohn des Jona« genannt wird, so ist damit auf eine andere geistige Verwandtschaft hingewiesen als mit dem Namen Johannes, die aber auch einen tiefen inneren Bezug hat.[13]

Jonas ist nicht etwa eine Abwandlung des Namens Johannes. Jonas heißt »die Taube« und Johannes heißt »Gott ist gnädig«. Wenn Petrus von Christus Sohn des Jona und ein anderes Mal Sohn des Johannes genannt wird, so ist damit nicht die leibliche Sohnschaft gemeint. Die Brüder Jakobus und Johannes werden als leibliche Söhne des Zebedäus angesprochen. Als die Brüder die Netze flicken, bevor sie von Christus gerufen werden, sitzt der Vater Zebedäus mit ihnen im Boot. Jonas und Johannes dagegen sind Mysterien-Namen. Wer ein Sohn des Jonas genannt wird, empfängt einen Hinweis auf das Jonasschicksal, das er durchleben wird.

Jonas folgte nicht dem Ruf und Auftrag Gottes. Er wollte ihm entfliehen und mit dem Schiff über das Meer weit fort fahren von dem Ort der Berufung Ninive. Auf dieser Flucht geschah es, daß er drei Tage im Leib des Fisches in Nacht und Verlassenheit durchleiden mußte. Er flehte und betete in Reue zu Gott und wurde vom Fisch an Land gespieen. Diese Geschichte ist Bild für die Mysterien, in denen auserwählte Menschen durch einen dreitägigen Todesschlaf in die Geheimnisse der geistigen Welt eingeweiht wurden. Die drei Tage, die Jonas im Bauch des Fisches verbrachte, sind ein Gleichnis dafür. Christus weist selber einmal auf den Zusammenhang des Jonas-Erlebnisses mit seinem eigenen Tod und der Auferstehung nach drei Tagen hin (Lk 11,29): »Als sich die Menge immer dichter um ihn drängte, sprach er: Die Menschen dieser Zeit sind ein verdorbenes Geschlecht. Sie suchen handgreifliche Beweise für den Geist; aber es wird ihnen kein andrer Geistbeweis gegeben werden als das Zeichen des Jona.«

Lazarus wurde in aller Öffentlichkeit von Christus durch dieses Mysterium geführt. Wenn Petrus im Matthäus-Evangelium Sohn des Jonas genannt wird, ist dies ein Hinweis darauf, daß er ein Werdender ist auf diesem Weg zur Einweihung in die geistige Welt. Im Johannes-Evangelium wird er dann zweimal als Sohn des Johannes angesprochen. Das zweite Mal, nachdem er die Schmerzen über sich selbst, über seine Verleugnung des Herrn und die gänzliche Gottverlassenheit durchlitten hat. Da wird er noch einmal ganz persönlich angesprochen, jetzt von dem auferstandenen Christus, der selber das Zeichen des Jonas durchlebt hat in den drei Tagen vom Kreuzestod bis zur Auferstehung. In diesem Prozeß, in dem Petrus als Sohn des Johannes seine Liebe ins Wort bringt, erhält er den Auftrag des Herrn: »Folge mir nach!« (Joh 21,22).

So haben sie alle drei, die Zebedäussöhne und Petrus, von Anfang an Johannes-Beziehungen in ihrem Schicksal. Alles, was sie in der Gruppe mit Christus erleben, ist eine Schulung im Johanneswerden. Dreimal werden sie von ihm herausgesondert. Die besonderen Ereignisse, die sie da miterleben, sind die Prüfungen auf dem Weg zum Johanneswerden. Das erste Mal geschieht es, als Christus die zwölfjährige Tochter des Jairus vom Tode erweckt. Da sind sie Zeugen, daß er stärker ist als der Tod. Das zweite Mal nimmt er sie mit auf den Berg Tabor, und sie schauen seinen irdischen Leib vom Geiste ganz durchlichtet. Das dritte Mal nimmt er sie mit, als er in Gethsemane darum ringen mußte, nicht vorzeitig zu sterben. Sein Leib war in Agonie, im Todeskampf, wie es der Arzt Lukas in seinem Evangelium beschreibt. Er wäre gestorben. Ohne die Stärkung durch den Engel wäre er gestorben, doch er durfte noch nicht sterben, wollte er seine Mission erfüllen, die Schmach und den Tod am Kreuz zu erfahren.

So waren die drei Jünger dreimal dabei, als sich ihr Herr mit dem Tod auseinandersetzte. Drei Prüfungen waren es auf dem Wege zum Johanneswerden. Die dritte haben sie nicht bestanden. Sie schliefen ein und ließen ihn allein. Was aber die Johannes-Menschen im Umkreis des Christus erlebten und vollbrachten, es ist zum Urbild geworden für alle, die in der Jüngerschaft Christi leben und wachsen wollen. Wer die Verantwortung fühlt, daß aus der Adam-Menschheit eine Johannes-Menschheit werde, kann sich an diesen Urbildern für sein eigenes Leben und für unsere Zeit orientieren.

Die Johannes-Individualität
in späterer Zeit

Rudolf Steiner hat mehrfach dargestellt, wie die Individualität, die in Elias lebte, in Johannes dem Täufer erschien und in späterer Zeit in dem Maler Raphael und dann wieder in dem Dichter Novalis auf Erden gelebt und gewirkt hat.

Alle Johannes-Menschen wirken aus ihrem innersten Wesen, das sie hingeben an ihr Tun. »Daran soll die Welt erkennen, daß ihr meine Jünger seid, daß ihr einander liebet«, so sagt der Meister in seinen Abschiedsreden zu den Jüngern. Der eine, der schon ein Jünger geworden war, den der Herr liebt, er konnte diesen Liebes-Auftrag auch später erfüllen. Es wird erzählt, wie er in hohem Alter in Ephesus lebte und nur noch das eine zentrale Wort zu den Menschen sprach: »Kindlein, liebet einander.«

In seiner letzten Rede führte Rudolf Steiner noch einmal aus, wie die Johannes-Individualität durch die Zeiten geht. Aber hier erwähnte er nicht Johannes den Täufer, sondern Lazarus, der dann Johannes wurde und das Evangelium aufschrieb. Wie ist das zu verstehen? Sicher kann man sagen, daß Rudolf Steiner von verschiedenen Aspekten über die gleiche Individualität spricht und sie einmal in der Wirksamkeit des Täufers nennt und ein andermal als den, der zum Jünger wurde, den der Herr liebt, zum Johannes- Lazarus, weil der Täufer Johannes ihn durchdrang und verwandeln half. So gibt es den einen Johannes-Menschen, der von Inkarnation zu Inkarnation in der Menschheit als Christusbote wirkt, als Elias – Johannes – Raphael – Novalis. Und es gibt im Evangelium die Urbilder für das Wirken des Johannes. In Lazarus wirkt er in einem einzelnen Menschen, der zu einem Johannes wird. In dem Kreis der zwölf Jünger wirkt er als ihr Gruppengeist, aus dem heraus sie sich auf den Weg begeben, ein Johannes, ein wahrer Jünger zu werden. Diese Urbilder zeigen uns, wie jeder sich diesem Wirken des Täufers öffnen kann auf dem Wege, ein Johannes-Mensch zu werden.

Die Wirkung des Johannes im einzelnen Menschen

Lazarus wurde durch Christus vom Tode auferweckt und lebte seitdem in inniger Seeleneinigkeit mit Johannes dem Täufer. Er wurde als erster ein Jünger, den der Herr liebt, ein Johannes. Was ist das Urbildhafte in diesem Schicksal?

Kein Mensch kann sich vornehmen, eine solche Erweckung, eine solche Schicksalseinweihung, wie sie Lazarus zuteil wurde, zu erfahren. Da gilt das Wort des Christus: »Nicht ihr habt mich erwählt, sondern ich habe euch erwählt.«[14] Auch Lazarus hat sein Schicksal nicht bewußt angestrebt, sondern er ist hineingeführt worden, »damit Gott sich durch ihn offenbare«.[15]

Wer eine Weihe oder Einweihung erfährt, wird dadurch ein Diener des Christus und ein Helfer der Menschen. Es mag manche Einweihungen geben, durch die die eigene Persönlichkeit gesteigert wird, das christliche Weihegeschehen aber verwirklicht sich im Wesen des Johannes, der sich erlebt in dem Wort des Täufers: »Er muß wachsen, ich muß abnehmen.«

In diesem Sinne birgt die Priesterbildung, wie sie in der Christengemeinschaft geübt wird und die durch die Priesterweihe führt, das Geheimnis dieses Johannes-Werdens in sich. Da kann nicht jemand sagen:

»Ich will Priester werden. Ich studiere mehrere Jahre, gehe in ein Praktikum, lege ein Examen ab, und wenn ich es bestanden habe, werde ich zum Priester geweiht.« Er kann auch nicht fragen: »Wonach soll ich mich richten, wie muß ich mich verhalten, damit die Ausbilder mit mir zufrieden sind?« Es gibt keine vorgeschriebenen Regeln und Verhaltensweisen, keinen Wissensstoff, dessen Kenntnis geprüft wird. Er muß auf seine eigene Art im Sinne des Lazarus ein Johannes-Werdender sein.

Die Überlieferung sagt, daß Lazarus der reiche Jüngling war, der zu Christus kam und ihn fragte: »Meister, was muß ich tun, um das zeitlose Leben zu erwerben?« Jesus spricht ihn auf die Zehn Gebote an. Der Jüngling sagt, er habe sie alle von Jugend an gehalten. Und Markus sagt wörtlich (10, 21): »Da blickte Jesus ihn an, *liebte ihn* und sprach zu ihm: Eines fehlt dir noch. Gehe hin und verkaufe alles, was du hast, und gib den Erlös den Armen. Du wirst dafür einen Schatz in den geistigen Welten gewinnen. Dann komme und folge mir nach. Jener aber wurde unmutig über diese Worte und ging betrübt hinweg, denn er hatte viele Güter.«

An dieses Gespräch mit dem reichen Jüngling schließt sich das Gespräch mit den Jüngern an, in dem Christus das bekannte Wort sagt: »Es ist leichter, daß ein Kamel durch ein Nadelöhr gehe, als daß ein Reicher in das Reich Gottes gelange.« Und etwas später sagt er: »Was für den Menschen unmöglich ist, das wird möglich durch die im Menschen wirkende Gotteskraft.« Es wird aber nirgendwo berichtet, ob der reiche Jüngling die Anweisung Jesu, alles herzugeben, befolgt hat oder nicht. Statt dessen erzählt das Johannesevangelium von Lazarus, von dem man weiß, daß er reich war. Indem er sein Leben aufgeben mußte, gab er allen irdischen und seelischen Reichtum hin. Was daraus wurde, ist der zu einem Johannes gewordene Mensch. Dieser geistige Reichtum kommt allen Menschen zugute, die Arme sind im Geiste, die um Geist betteln, die zum Erleben des Geistigen streben.

Durch eine solche Krise, wie sie der reiche Jüngling durchmachte, muß jeder gehen, bevor er die Weihe zum Priester empfangen kann. Er muß innerlich gänzlich arm werden, um alles, was er verlor, auf neue Weise zu empfangen, nicht als geerbtes Gut, als mitbekommene Begabung, nicht als Selbstverdientes, sondern als Beschenkter, vom Meister Geliebter, Begnadeter, als ein Johannes, das meint »Gott ist gnädig«. Das geht durch Enttäuschung, Verlust, Unmut und andere Tiefen. Das geht durch Sterben und Auferwecktwerden. Aber keiner kann sich selber berufen. Sein eigenes Ja gilt der Tatsache, daß er sich als ein Werdender fühlt.

Seine Schicksalssituation muß auch ja dazu sagen. Die Menschen müssen ihn für den Priesterberuf bejahen, die Priesterschaft muß ihn bejahen. So wie ein Brautpaar das Ja zueinander geprüft und vorbereitet haben muß, bevor es von beiden vor dem Altar gesprochen wird, so muß dieses vierfache Ja vorbereitet und geprüft werden, bevor ein Johannes-Werdender die Priesterweihe empfängt, bevor dort auch vor dem

Altar viermal ein Ja gesprochen wird. Das ist die Schulung, die zur Priesterweihe und die auch zur Schicksalseinweihung führt.

Auch für die Schicksalseinweihung kann uns das Leben des Lazarus-Johannes ein Urbild sein. In seinem Erdenleben hat er vier Stadien einer solchen Schicksalseinweihung erfahren. Das erste Mal geschah es, als er den Tod erlebte, ins Grab gelegt wurde und von Christus leibhaftig als ein Verwandelter ins Leben gerufen wurde. Seitdem war für ihn die geistige Welt nicht mehr von der irdischen getrennt. Er konnte geistig teilhaben an irdischen Ereignissen, ohne dabei leiblich anwesend zu sein. Das geschah am Gründonnerstag, als die zwölf Jünger erlebten, wie Christus das Abendmahl mit ihnen hielt und ihnen das Brot reichte als seinen Leib und den Wein als sein Blut.

Diese Wandlung vollzieht sich nicht im Irdisch-Leiblichen, sondern im Bereich der Lebenskräfte, im Ätherischen. Das Brot bleibt Brot, aber es wird von göttlichem Wortesstrom durchzogen und wird Logos-Träger, Christus-Träger, sein Leib. Ebenso wird der Saft der Weinrebe von seiner Hingabe, seiner Liebekraft durchzogen, wird sein Lebensblut.

Was den Augen der leibhaftig Anwesenden noch verborgen blieb, das erlebte der Jünger, den der Herr liebt, der die Ätherströme wahrnahm, die vom Herzen Jesu durch Wort und Berührung sich dem Brot und dem Wein mitteilten. Geistig ruhte er an der Brust des Herrn, und aus dieser Ruhe wurde er aufgenommen in das Wandlungsgeschehen, das damals begann und durch alle Christus-durchdrungenen Jüngermenschen weiter wirkt. Die Abschiedsreden zeugen davon, wie er die Ätherströme des Christuswortes erlebt hat als etwas, das alles Leben verwandelt. Wie im Urbeginne die Schöpfung aus dem Geist Gottes durch das Wort in die Welt gerufen wurde und damit der Prozeß vom Geist in die Verdichtung der Materie begann, so wird durch das Wort Christi in jeder heiligen Handlung, in jedem Sakrament aus der Stoffeswelt der Geist herausgerufen, ein Keim erweckt für einen neuen Himmel und eine neue Erde.

Seit dem Abendmahl schreitet dieser Prozeß der Durchchristung der Materie fort als eine Schöpfung im Ätherreich, in dem Christus seit der »Himmelfahrt« waltet und wirkt. Johannes war der erste, der bewußt daran teil hatte. Davon zeugen konnte er erst am Ende seines Lebens, als er die Apokalypse und sein Evangelium schrieb. Denn diese Bücher lassen sich nicht mit dem Verstand erfassen, der die gewordene Welt begreift, sondern nur mit einem Denken, das selber Leben ist, das nicht Ergebnisse oder Beweise sucht, sondern sich in Prozessen vollzieht. Es ist dies ein meditatives Denken, ein Wort bewegendes Denken, das zugleich schöpferisch und empfangend ist. Nur ein solches Denken entspricht den Abschiedsreden Jesu im Johannes-Evangelium. Und als Johannes sie niederschrieb, hatte er bereits alle Stufen seiner Schicksalseinweihung durchgemacht.

Das dritte Ereignis widerfuhr ihm unter dem Kreuz. Der sterbende Jesus vertraute ihm seine Mutter an, »und von Stund an nahm sie der Jünger zu sich«. Ein

Seelenbund wurde da geschlossen zwischen einer weiblichen und einer männlichen Menschenseele. Und das geschah in der Stunde des allergrößten Schmerzes und Leidens. Eine neue Liebe wurde in dieser Stunde der Menschenseele zuteil, die Christusliebe, an der die Menschheit erkennen wird, wer in Wahrheit sein Jünger ist. So hat es später Johannes in seinem Evangelium gesagt: »Daran soll die Welt erkennen, daß ihr meine Jünger seid, daß ihr euch untereinander liebt, wie ich euch geliebt habe.« Die Geburtsstunde dieser Liebe im Menschen war zugleich die Seeleneinweihung des Jüngers, den der Herr liebt. Als er Maria zu sich nahm, wurde der Mensch als Seelenwesen wieder androgyn, männlich-weiblich zugleich.

Die vierte Stufe seiner Einweihung erfuhr Johannes in der Verbannung auf der Insel Patmos, wo er die Apokalypse schaute und erlebte. Da war er ganz mit sich allein, getrennt von seinen Brüdern, seiner Gemeinde, getrennt von Maria, von allem, was ihm lieb war. Als er niemanden mehr hatte, da geschah ihm die Offenbarung Christi. Er schaute das Schicksal der Menschheit als Offenbarung des Christuswesen und das Schicksal des Christus als sein eigenes. Sein Geist war in höchster Bewußtheit hingegeben an das, was sich ihm offenbarte, und zeugte zugleich das, was sich ihm zeigte. Sein eigenes Ichwesen war Schauplatz und Handelnder zugleich. Er war in seinem Ich identisch mit der Offenbarung Christi. So wurde er der Evangelist der Ich-Offenbarung, denn nur bei Johannes finden wir die Aussagen des Christus-Ich in den Worten:

»Ich bin das Brot des Lebens«,
»Ich bin das Licht der Welt« ,
»Ich bin die Tür der Schafe«,
»Ich bin der gute Hirte«,
»Ich bin die Auferstehung und das Leben«,
»Ich bin der Weg, die Wahrheit und das Leben« und
»Ich bin der wahre Weinstock«.

Sein Evangelium schrieb er im hohen Alter nach der Offenbarung, die er auf Patmos erhielt. So erfüllte sich an ihm die Schicksalseinweihung, die mit der Auferstehung vom Leibestod begann, durch die er der Jünger wurde, den der Herr liebt. Im Ätherreich erlebte er das Geheimnis der Lebensströme Christi, die sich Brot und Wein durch Wort und Tat mitteilten. Im Bilde wird das so ausgesprochen, daß er beim Abendmahl an des Herren Brust, an seinem Herzen ruhte. Im Seelenreich erlebte er die Einweihung in der Stunde des größten Schmerzes unter dem Kreuz, als ihm die weibliche Seele von Christus zugesprochen wurde und so die Seele des Jüngers zur Mutter Jesu wurde und die Seele der Mutter zur Jüngerin wurde.

Die Einweihung des Ich wurde Johannes zuteil, als er äußerlich verbannt und innerlich in die Einsamkeit geraten war. Als er mit sich selbst ganz allein war, erfuhr er, daß er nie allein ist, und wurde erwürdigt, die Gegenwart Christi als die Zukunft der Menschheit zu schauen. So wurde aus dem Jünger, den der Herr liebt, der Jünger, der den Herrn liebt in jedem Menschen, und sei er noch so gering, und der die letzten Jahre seines Lebens, so sagt es die Legende, nur noch den einen Satz zu den Menschen sprach: »Kindlein, liebet einander.«

Keiner von uns Menschen kann sich mit Johannes vergleichen. Und doch dürfen wir uns auf dem Wege fühlen, den Johannes uns voranging.

In jedem Menschenschicksal kann es Momente geben, die uns etwas von den Stufen der Johanneseinweihung durchmachen lassen. Die vielen Nahtod-Erlebnisse, von denen uns heute berichtet wird, weisen darauf hin, daß Menschen von jenseits der Schwelle zurückgerufen werden in das Leben im Leibe. Aber ob das der Anfang auf einem ganz neuen Weg wird, ob sie ein neuer Mensch mit einem neuen Leben werden, das hängt von ihnen selbst ab. Jeder, der dem leiblichen Tod auf wunderbare Weise entronnen ist, kann sich als ein Gerufener fühlen. Doch da gilt das Evangelienwort: »Viele sind berufen, aber wenige erweisen sich als Auserwählte« (Mt 22,14).

Der zweiten Stufe in der Schicksalseinweihung kommen wir nahe in jedem geisterfüllt vollzogenen Sakrament. Soviel wir wirklich anwesend sind in den Worten und Taten der Taufe, der Weihehandlung und der anderen Sakramente, soviel tragen wir bei und haben selber Anteil an den Lebensströmen des Christus, die die Substanzen und den Menschenleib im Lebenskräftebereich verwandeln.

Der dritten Stufe nähern wir uns, wenn uns das Schicksal unter das Kreuz führt. Jeder tief durchlittene Schmerz, ob er den Menschen persönlich betrifft, oder ob er die Schändung des Menschentums, der Kreatur, der Mutter Erde als Christi Schicksal mitleidet, kann die Seele verwandeln. Das Leiden ruft auf, die Ursache zu erkennen und daran zu arbeiten und zugleich es zu erdulden und durchzuhalten, bis die Seele reif ist, befreit zu werden. Schicksalseinwirkung durch Leid führt zur Befreiung von den männlichen und weiblichen Einseitigkeiten der Seele.

Die Einsamkeit erfahren wir heute nicht auf äußeren Inseln, sondern mitten in der Umgebung von Menschen. Wir haben Familie, Freunde, Glaubensgemeinschaften, Berufskollegen und Nachbarn. Und doch gibt es Zeiten, wo uns alle fremd sind, keiner uns geistig verwandt und nahe vorkommt. Manchmal sind wir uns sogar selber fremd. Wer die Einsamkeit zuläßt und nicht betäubt, aber auch nicht klagt, sondern sie annimmt, der kann gerade dann erleben, daß er nicht allein ist, sondern daß er am Schicksal der Menschheit teil hat. Die Menschheit ist gottverlassen, und wenn sie es bemerkt, ist sie es nicht mehr. Denn im Bemerken ist Geist, und in der Einsamkeit bin Ich, und im Bemerken meines Ich ist der, der sich selber Ich nennt: Iesus CHristus - ICH. Jeder erlebt das auf seine eigene Weise, aber immer erlebt er sich zugleich als einzelner und als Teilhaber der Menschheit und in beidem zugleich die Gegenwart Christi. Durch Schicksalseinweihung, die uns in Todesnähe, im sakramentalen Geschehen, im Schmerz- und im Einsamkeitserleben zukommt, wird uns die Möglichkeit zuteil, ein Jünger Christi zu werden, den der Herr liebt und den die Welt daran erkennt, daß er den Christus im anderen Menschen liebt.

Es gibt manchen verborgenen Johannes-Menschen,

der, ohne den Beruf des Priesters auszuüben, durch die Prüfungen des Lebens ein Diener des Christus unter den Menschen geworden ist. Solche Menschen leben unbekannt, oft sehr bescheiden, aber sie tauchen im Leben anderer Menschen auf, geben ihnen einen Hinweis, einen Wink, der das ganze Leben verändert, werden für sie der Führer zu Christus. Diese Johannes-Menschen erleben Lazarus-Johannes als ihren geistigen Bruder. Sie leben aus der Kraft des Johannes-Evangeliums und der Apokalypse. Wenn sie auf der Erde auch an verschiedenen Orten und in verschiedenen Zusammenhängen wirken, so gehören sie geistig einer Bruderschaft an. Aber niemand kann das willentlich erreichen. Es gibt keine Regeln. Ein solcher muß gerufen werden. Auch Lazarus wurde vom Herrn schon geliebt, bevor er Johannes wurde.

Die Wirkung des Johannes in der Gemeinschaft

Wenn die drei synoptischen Evangelien von der Zwölfheit der Jünger sprechen, erkennen wir in diesen Szenen zwei seelische Grundgebärden. Christus ruft die Zwölf zu sich und gibt ihnen eine besondere Unterweisung, die Bergpredigt, die Ölbergapokalypse, oder er legt ihnen die Gleichnisse aus, die er dem Volke in Bildern erzählt hat. Er ruft sie auch zu sich zum sakramentalen Geschehen der Speisungen und des Abendmahls. Das Zu-sich-Rufen wie in einen seelischen Innenraum ist die eine Gebärde. Und die andere ist das Hinaussenden der Zwölf in die Welt, wo sie in seinem Namen wirken sollen. In diesem Rhythmus von Hinein und Hinaus ereignet sich das allmähliche Johannes-Werden der Jünger.

Heute vollzieht sich das mit den Menschen, die der Gemeinde des Christus angehören. Im weitesten Sinn, nicht eng konfessionell ist das gemeint. Da ist der Innenraum, in dem Er mit seiner Gemeinde ein Sakrament vollzieht. In jedem Sakrament bekommen die Teilnehmenden eine Orientierung und eine Speisung, eine Stärkung. In jeder Taufe wird ihnen eine Orientierung zuteil über das Wesen des Menschen und eine Stärkung, um das, was dem Kinde in der Taufe als Keim in der dreifaltigen Seele erweckt wird, im Geist und in der Kraft dieser Taufe weiterzuentwickeln. Die Taufe ist der Innenraum, wo Weisung und Speisung empfangen wird.

Aus der Taufe empfangen die Erzieher die Sendung zur menschengemäßen, christusnahen Erziehung des Kindes im Leben. Rudolf Steiner nannte eine solche Erziehung eine fortgesetzte Taufe. Sie achtet darauf, daß das heranwachsende Kind als ein Mensch behandelt wird, der seine Sendung, seine Aufgabe sucht und erfüllen will. Mit dem Namen wird der Mensch angesprochen, der vielleicht Bedeutenderes tun will im Leben als seine Eltern und Lehrer, der nicht nur ein unwissendes Kind oder das leibliche Erzeugnis der Eltern ist. Darüber zu wachen, sind ihm zwei Wächter, zwei Paten mitgegeben. Die Schöpferkraft des Wassers im Denken, die Form- und Treuekraft des Salzes in Wille und Wort, die Bereitschaft zu Neuem, die durch die Asche angeregt wird in Gefühl und Liebe, gilt es zu pflegen. Aus dem Innenraum des Taufsakramentes werden die Christen der Gemeinschaft ausgesendet in ihr Erziehungswerk.

Das gleiche gilt für den Innenraum der Konfirmation und die Aussendung in das Leben, wo es darum geht, den Jugendlichen zu tragen. Im Sakrament der Konfirmation erfahren wir, wie der junge Mensch für das Selbständig-Werden seiner Seele in Denken, Fühlen und Wollen, für das beginnende ganz persönliche Schicksal und für die Sphäre der Lebens- und Todeskräfte göttliche Hilfe bekommt. Es geschieht dadurch, daß die Gemeinschaft durch den Mund des Priesters ihr Gebet für die jungen Menschen zu dem sendet, der als Segnender sich ihnen mitteilt. Was da im Innenraum des Sakramentes der Konfirmation geschieht, wird hinausgetragen in das Leben. Der Jugendliche ist durch keine direkte erzieherische Maßnahme mehr zu erreichen. Aber bei der Konfirmation wird ausgesprochen, daß die Jugendlichen mit »sorgender Seele in das Leben entlassen werden«. So kann auch weiterhin der Erwachsene dafür sorgen, das Leben so zu gestalten, daß es dem Wesen entspricht, das da in der Konfirmation gesegnet wird, dem Wesen mit eigenem Schicksal. Wenn die ihn liebenden Menschen den Jugendlichen in ihre Gedanken mit einbeziehen, wenn sie ihm vertrauen und für ihn beten, reinigen sie die Bahnen für die segnenden Ströme. Immer wieder wird die Erfahrung gemacht, daß sich plötzlich Seelenverfassungen klären und Schicksalsknoten lösen, wenn Menschen um einen Jugendlichen ringen, sich Klarheit über seine innere und äußere Situation verschaffen und für ihn beten. Sie tragen die segnenden Kräfte der Konfirmation hinaus in das Leben.

Im Beichtsakrament erfährt der Mensch Weisung und Erkraftung für die nächsten Schritte auf dem inneren Weg. Das Leben selber wird ihm dann zur Schule und zur Gelegenheit, Selbsterkenntnis und Verwandlung zu üben.

Die Menschenweihehandlung ist der Innenraum für die Begegnung in Gemeinschaft. Was da urbildlich geschieht, will von den Ausgesendeten ins Leben getragen werden. Es beginnt mit dem Hören der Engelsbotschaft, des Evangeliums. Daran schließt sich das Opfer der Seele an, das sich mit dem Opfer von Wein und

Wasser vereint. Die Gebärde des aufsteigenden Seelenopfers wird im Weihrauch sichtbar. In solcher Atmosphäre und in solcher Hingabetätigkeit verwandelt sich der Mensch und alles, was durch ihn ergriffen wird. Seine Ergriffenheit durch das Geschehen in der Weihehandlung teilt sich seinem Ergreifen von Brot und Wein mit. Ergriffener und Ergreifender werden eines in der Kommunion.

Das wird zum Impuls, hinauszugehen und sich ergreifen zu lassen von der Natur, von Kunstwerken und von der Gemeinschaft mit anderen Menschen und dabei selbst ein Ergreifender zu sein. Es geht nur durch Hören auf das, was durch das Äußere zu meiner Seele spricht. Und nicht nur das gilt es zu hören, was ein Mensch äußerlich zu mir sagt, sondern was er eigentlich sagen will und wofür ihm die Worte fehlen. Die Botschaft seines Engels gilt es zu hören. Dazu brauche ich Hingabe, Verzicht auf eigene Interessen, Bändigung des eigenen Temperaments, Überwindung meiner Vorurteile ihm gegenüber. Ich brauche Opferkraft im Umgang mit ihm.

Wenn Menschen so im Leben um Zuhören und Opferwilligkeit ringen, wandeln sie sich selbst und wandelt sich auch der andere. Dann erst wird wahre Einigkeit möglich. Communio. In solcher Einigkeit wird ihnen die Gnade zuteil, den zu erfahren, der in ihrer Mitte ist, den Friedensspender. Vieles kann im Leben zum heiligen Mahl werden, aus der Quelle des Sakramentes immer wieder gespeist und erneuert.

In ähnlicher Weise ist die Ehe zweier Menschen die gelebte Aussendung in das Leben aus dem Innenraum des Trausakramentes. Sie begründen aus Freiheit den Entschluß zu einer gemeinsamen Zukunft und sprechen vor Zeugen das Ja dazu. Das Urbild von männlichem und weiblichem Menschen wird im Zusammenleben und -wirken der beiden hervorgerufen. Sie nehmen den Geist ihrer Gemeinschaft in ihre beginnende Ehe auf. Das Leben ihrer Ehe ist der Ort ihrer Aussendung. Da gibt es Kranke zu heilen, Dämonen auszutreiben und immer wieder das Nahen der Himmelreiche im Schicksal draußen und im inneren Ruhigwerden zu erspüren, einander davon zu sprechen.

Die Priesterweihe ist der sakramentale Innenraum für die Aussendung in jegliches Berufsleben. Denn jeder Beruf ist in irgendeiner Weise Dienst am anderen Menschen und für Christus. Wer als Gemeindeglied an einer Priesterweihe teilnimmt, kann sich in dem Priesterlichen seines eigenen Berufes oder auch im Priesterlichen seiner Schicksalsverhältnisse gestärkt fühlen. Sind doch auch die übrigen Lebensaufgaben, Ehe, Freundschaft, Kindererziehung und vieles andere ein Beruf. Wer durch dieses Sakrament selber die Weihe empfängt, wird dadurch als Priester ausgesendet in seine Gemeinden.

Das Sterbesakrament ist der Innenraum, in dem der Mensch an der Schwelle Christus erlebt als den, der ihn aussendet in das nachtodliche Leben und ihm dafür seinen Segen spendet.

So vollzieht sich jede wirkliche Christengemeinschaft in dieser doppelten Gebärde: Sich um Christus sammeln im Innenraum des Sakramentes – sein Leben und Wirken hinaustragen in das Leben von Mensch und Erde. Eine solche Gemeinschaft ist durchdrungen vom Johannes-Wesen. Aus ihr können wir die Orientierung und die Kraft bekommen, uns mit dem heutigen Schicksal Christi zu verbinden, daß wir ihm in jedem Schicksal, in jeder biographischen Situation eines Menschen oder der Menschheit begegnen als dem, der daran mit dem Betroffenen leidet, stirbt, sich dem Bösen aussetzt um der Liebe willen, die daraus hervorgeht. So sind wir auf dem Weg, Jünger zu werden, die der Herr liebt.

Die drei Prüfungen des werdenden Johannes-Menschen

Die drei Situationen, die von Simon Petrus und den beiden Zebedäusbrüdern gesondert erlebt wurden, sind Urbilder für Ereignisse, die auch wir heutigen Menschen im Jünger-Werden erfahren. Es sind ja die drei, die ein besonderes Verhältnis zum Johannes-Namen haben, wie es im 6. Kapitel dargestellt wurde. Das erste Ereignis ist die Wiedererweckung der zwölfjährigen Tochter des Jairus. Als Jesus zu ihr gerufen wird, geschieht auf dem Wege dorthin die Heilung der blutflüssigen Frau, die zwölf Jahre an dieser Krankheit litt, also genau so lange, wie das Mädchen auf Erden ist.

Rudolf Steiner hat darauf aufmerksam gemacht, daß dies kein Zufall ist, sondern daß diese beiden Menschen schicksalhaft verbunden sind. Dem Mädchen fehlt, was die Frau zuviel hat, und das seit zwölf Jahren.

Jesus kommt zu dem Kind, als es schon gestorben ist. Er nimmt nur die Eltern und die drei Jünger mit zu ihr. Sie sind Zeugen der Erweckung.

Mit zwölf Jahren kommt jeder Mensch mehr oder weniger deutlich in eine Lebenskrise. Die Seele löst sich aus der Bindung an die Eltern und an das Familienschicksal. Sie beginnt, sich in ihre eigenen Gefühle und Gedanken einzuspinnen und ihr eigenes Verhältnis zu anderen Menschen herzustellen. Es entstehen Freundschaften, die nicht mehr von Zufälligkeiten bestimmt sind wie bei den jüngeren Kindern. Ab zwölf Jahren beginnen echte Schicksale, durch die Kinder einander anziehen und die Freundschaften bewirken, die kein Erwachsener auseinanderzubringen vermag. Auch der Tod eines nahen Menschen wird erst in diesem Alter so endgültig und schmerzlich erlebt wie vom Erwachsenen.

Mit zwölf Jahren stirbt die Kindheit und mit ihr viele Kräfte, die vorher getragen und umhüllt haben. Die Seele wird fähig, Sterben zu erleben, und immer wieder wird sie in Sterbeprozesse geführt, damit sie den Erwecker auch erfahre. Jede tiefe Enttäuschung ist solch ein Sterbeprozeß in der Seele. Ein Mensch enttäuscht mich, und es stirbt meine Liebe zu ihm. Eine Situation enttäuscht mich, und es stirbt eine Hoffnung, die ich darauf setzte. Ich versage selber, und es stirbt der Glaube an mich selbst.

In jedem solchen Sterben tritt der Erwecker an mich heran und spricht: »Stehe auf.« Wie kann ich das? Indem ich für einen Augenblick meinen Sinn nach vorne richte. Von der Zukunft her spricht mich etwas an, und ich gehe hin und stelle mich dem. Die tödliche Enttäuschung bewirkt ja, daß ich andauernd mit meinen Gedanken und Gefühlen in den Situationen erinnernd kreise, in denen die Enttäuschung stattfand. Ich komme nicht los davon. Ich bin ein solcher Mensch, von dem Christus einmal sagte: »Laß die Toten ihre Toten begraben.« Wir bleiben damit beschäftigt, das Gestorbene immer wieder trauernd zu begraben. Nur der Ruf zu einer Tat, die hier und sofort geschehen muß, holt uns aus diesem Todeszustand heraus, vergleichbar dem Zustand zwischen Schlafen und Wachen, aus dem wir erst eigentlich erweckt werden, wenn uns etwas ruft. Darin liegt die eigentliche Erweckung an jedem Morgen neu und auch nach jeder Nieder-Geschlagenheit, nach jedem seelischen Sterben.

Wer durch solche Erweckung geht, bleibt nicht mehr dem Schicksal blind verhaftet und ausgeliefert, sondern erkennt seine Zusammenhänge. Er vermag zu erkennen und zu bejahen, warum ihm dieses Sterben widerfuhr, und den Schicksalsknoten dadurch zu lösen, wie es damals geschah, als sie beide gesund wurden, das zwölfjährige Mädchen und die Frau, die zwölf Jahre am Blutfluß litt. Nichts ereignet sich im Leben, das nicht im Zusammenhang steht mit anderen. Es ist die erste Prüfung der werdenden Johannes-Menschen, das Sterben in der Seele so zu lernen, daß es uns den Erwecker nahe bringt, der uns aus dem Selbstgefühl und Selbstmitleid herausruft in die Tat für andere oder anderes und dadurch vergangenes Schicksal löst und für zukünftiges den Weg öffnet.

Die zweite Prüfung hat ihr Urbild in der Szene auf dem Berg Tabor, auf dem die drei erleben und schauen durften, wie Christus seinen Leib so durchgeistigte, daß er für ihr Schauen leuchtete. Und sie sind Zeugen eines übersinnlichen Gesprächs, das ihr Herr mit Moses und Elias führt. Petrus möchte dieses Höhenerlebnis festhalten: »Lasset uns hier drei Hütten bauen«, sagt er. In diesem Augenblick ist alles vorüber, und sie sehen niemanden, außer Jesus allein in seiner irdischen Gestalt vor sich stehen. Sie gehen mit ihm vom Berge herab, und er spricht ihnen von Leid und Tod, wo hinein er nun bewußt geht.

Diese Szene ist Urbild für die zweite Prüfung der Menschen, die Johannes-Werdende sind. Jeder kennt solche Höhenerlebnisse. Das Wort Hoch-Zeit kündet davon. Da konnte es geschehen, daß ein Mensch den anderen erkannte in seiner geistigen Wesensgestalt. »Vor jedem steht ein Bild des, was da werden soll«, sagt Friedrich Rückert. Dieses Zielbild des anderen Menschen schauen zu dürfen, erfahren, erspüren zu dürfen und dies zu lieben und mit ihm eins zu werden, das ist Hoch-Zeit, das ist geistiges Höhenerlebnis.

Man nennt ja dieses Ereignis auf dem Berge Tabor die Verklärung. Das wahre geistige Wesen brachte die irdische Gestalt zum Leuchten. Wir sagen auch manchmal von einem Menschen, er habe ganz verklärt ausgesehen. Das sind die Augenblicke höchster Erfüllung, in denen ein Mensch mit sich und seinem Schicksal im Einklang ist, wo er und mit ihm alle Beteiligten das Gefühl der Stimmigkeit haben.

Und das kann auch sein, wenn ein Mensch gestorben ist und auf dem Totenbett ein verklärtes Antlitz hat. Das offenbart uns dann, wie er nun allem, was war und ist und kommen wird, zustimmen kann.

Wann immer wir im Leben Augenblicke der Verklärung erleben dürfen, Zeiten, in denen wir die wahre geistige Gestalt eines Menschen vor uns haben oder der Zusammenhang einer Situation mit anderen Situationen vor unserem inneren Verstehen aufleuchtet oder wir ein Geistgespräch miterleben, das nicht mehr in irdische Worte zu bringen ist, – wir können darin nicht verbleiben, nicht Hütten bauen. Das Urbild aus dem Evangelium zeigt uns, wie es darum geht, aus solcher Höhe die Bereitschaft zu finden, nicht für sich selbst, sondern für andere in die Welt zu gehen, in der Leid und Tod durchgemacht werden.

Die dritte Prüfung der drei Jünger geschah in Gethsemane. Christus nahm sie mit, als er darum beten und ringen mußte, daß ihm der Leib nicht stirbt, bevor er darin seinen Auftrag ganz erfüllt hat. Er bittet die drei, mit ihm zu wachen und zu beten. Dreimal bittet er sie, und jedesmal schlafen sie doch wieder ein. Und er spricht das so oft zitierte Wort: »Der Geist ist willig, aber das Fleisch ist schwach.« Gerade dieses Wort, das er in Gethsemane zu den drei Jüngern sprach, können wir immer wieder auf uns selbst beziehen. Wie die drei Jünger damals diese dritte Prüfung nicht bestanden, so versagen auch wir immer wieder in solchen Situationen. Und doch ist gerade Gethsemane die Beschreibung des Zustandes, in dem Christus heute lebt. Sein Leib ist nicht mehr ein einzelner Menschenleib, sondern die ganze Erde.

Immer mehr Menschen in unserer Zeit bekommen ein Gefühl dafür, daß die Erde nicht ein toter, materieller Körper, sondern ein lebendiges Wesen ist. Doch wer ist dieses Erdenwesen, das alles, was der Erde angetan wird, wie einen Schmerz oder eine Wohltat an seinem eigenen Leibe erlebt? Schmerz und Wohltat kommen ihm vom Menschen zu. Was zwischen dem Menschen und der Erde geschieht, darin lebt seit Golgatha das Christuswesen. Wenn Menschen die Gaben der Erde, Brot und Wein, als ihre Repräsentanten weihen zu Lebensleib und Lebensblut Christi, dann wird auch eine Menschengemeinschaft als Repräsentanz der Menschheit geweiht und wird Seelenleib Christi. Zu den Stoffen der Erde, zu Brot und Wein, hat er selber gesagt: »Nehmet damit hin meinen Leib und mein Blut.« Zur Menschengemeinschaft hat er gesagt: »Wo sie in meinem Namen versammelt sind, da bin ich in ihrer Mitte.« Und Paulus hat später der so entstehenden Gemeinde gesagt: »Ihr seid Christi Leib; jeder ist nach seinem Teil ein Glied von Ihm.«[16]

Der Seelenleib der Gemeinschaft und der Lebensleib der Erde bilden zusammen den Leib Christi, darin er Freudiges und Schmerzliches erlebt als der Geist der Erde und ihrer Menschheit, als das Ich-bin-Wesen der Menschheit und ihrer Erde.

Wie er einstmals den einzelnen Menschenleib Jesu zum Auferstehungsleib umwandelte, so will er diesen Erden-Menschheitsleib umwandeln. Wie er damals die Jesus-Seele dazu brauchte, so heute die Menschheits-Seele. Rudolf Steiner hat dargestellt, wie durch das Staunen, das Mitleiden und durch das Gewissen der Menschen Christus den Auferstehungsleib von Erde und Menschheit, seinen unsterblichen Leib erbildet. Die Erde darf nicht sterben, bevor dies sich erfüllt. Darum betet er in seinem heutigen Gethsemane und bittet uns: »Wachet und betet mit mir.«

Einstmals standen unter dem Kreuz die Mutter Jesu

und der Jünger, den der Herr liebt. Im Sterben führte er die beiden zusammen, und sie wurden die ersten, von denen er gesagt hat: »Wo zwei oder drei in meinem Namen zusammen sind, da bin ich in ihrer Mitte.« Sie bildeten den Keim für den Seelen-Leib seiner Gemeinde. Und so, wie der Jünger die Mutter Jesu zu sich nahm, so muß der Johannes-Mensch, muß die Johannes-Menschheit die Mutter Erde zu sich nehmen. Zu dem Menschen sagt Christus heute, indem er auf die Erde weist: »Siehe deine Mutter.« Zur Erde sagt er, indem er auf den Menschen weist: »Siehe dein Sohn.«

Erfüllen die Menschen ihren Auftrag an der Erde, dann kann Christus in ihrer Mitte leben. Die ganze Erde mit ihrer Menschheit ist sein Leib. Der Christusgeist, der in diesem Leib lebt, ist das Liebewesen. Noch einmal möge es gesagt sein: Der Erdenleib des Christus darf nicht sterben, bevor nicht Liebe die herrschende Kraft in der Menschheit geworden ist. Christus ringt und betet darum, daß sein Leib erhalten bleibe, bis die Mission der Liebe erfüllt ist.

Die Erde ist bedroht vom frühzeitigen Tod. Immer wieder können wir dieser Tatsache begegnen. Viele Menschen reagieren darauf entweder mit Demonstrationen oder mit der Umstellung ihrer Ernährung, Lebensweise usw. Aber fast immer tun sie es, um ihr eigenes Leben und das ihrer Kinder zu retten. Doch wer tut es, um dem Geist der Menschheit und ihrer Erde, um Christus den Leib zu erhalten, bis er seine Mission erfüllt hat, bis Liebe der Quell unseres Denkens und Handelns geworden ist? Wir möchten wachen, aber immer wieder verfallen wir der Gleichgültigkeit oder der Angst und Sorge um unser eigenes Wohl. Wer denkt denn bei der Strahlengefahr, bei der Genmanipulation und bei vielem anderen daran, daß das Leibeswesen Christi vom Tod bedroht ist, Erde und Menschheit als sein Leib? Auch diejenigen, die ihm seinen Leib erhalten wollen, schlafen immer wieder ein, das heißt sie sind sich seiner Gegenwart nicht bewußt. Sie leben ohne Bewußtsein von ihm.

Christus erlebt heute in seinem Erden-Leib ein zweites Gethsemane, und wir, seine schlafenden Jünger, stehen in der Gefahr, diese dritte Prüfung nicht zu bestehen. Darum wollen die Gebete, wie sie in der Johannes-Zeit des Jahres in der Christengemeinschaft gebetet werden, uns aufwecken und uns aufrufen, seine Gegenwart mit einzubeziehen. Da wird von dem dreifachen Flammenwort, das Johannes auch in unsere Zeit hinaufträgt, gesprochen: das »heiltragende«, das »schuldbewußte« und das »gnadeahnende« Flammenwort.

Wir können um das Heil der Erde und der Menschen wissen. Wir sprechen davon. Wir wollen es verwirklichen, wir wollen etwas tun dafür im Umgang mit Kindern, mit Kranken, mit Alten, im Bearbeiten des Gartens, der Äcker und Wälder, im gerechten Verteilen der irdischen Güter und auch im ganz persönlichen Schicksal. Aber immer wieder versagen wir, immer wieder erleben wir uns zwischen Heil und Schuld, wie Petrus, der das Bekenntnis zu Christus aussprach und von ihm selig gepriesen wurde und der gleich danach seinen Herrn beiseite nahm, ihm abriet von Leid und Tod und darum von ihm gesagt bekam: »Weiche von mir, Satan.«[17] Und wie mußte Petrus diesen Zustand zwischen Heil und Schuld bitter durchmachen in seiner Verleugnung. Erst nach der Auferstehung Christi erfuhr er von ihm das »gnadeahnende Flammenwort«, durch das er ein Jünger wurde, den der Herr liebt, ein Johannes, was ja heißt »Gott ist gnädig«. Wie kann in uns Petrus zu einem Johannes werden?

Johannes – »Gott ist gnädig«

Die Bedeutung des Namens Johannes – »Gott ist gnädig« weist darauf hin, daß niemand ein Johannes werden kann ohne die Gnade Gottes. Aus der Gemeinschaft der Jünger heraus war Petrus der erste, dem diese Gnade widerfuhr, der sie aber noch nicht erfaßte. Sein Erlebnis kann ein Urbild für alle sein. Es wird nur von dem Evangelisten Johannes erzählt. In diesem Bericht handelt es sich nicht um die zwölf Jünger, sondern um sieben. Es sind die beiden Zebedäussöhne Jakobus und Johannes genannt und zugleich auch der Jünger, den der Herr liebt. Es ist eine ganz neue Konstellation, eine Jüngergemeinschaft, und in ihrer Mitte, diesmal leibhaftig, der, der als einzelner ein Erweckter wurde, ein Johannes, ein Jünger, den der Herr liebt. In seiner Gegenwart vollzieht sich zum erstenmal die Gnade, daß aus der Jüngergemeinschaft einer herausgerufen wird, um nun ein Johannes zu werden. Wie geschieht das?

Jesus wendet sich an Petrus, nennt ihn aber Simon, Sohn des Johannes (Joh. 21,15–17). Dreimal nennt er ihn so: Simon, der du nicht nur aus der Vergangenheit von Adam herkommst, ein Sohn Adams bist, sondern der du auch aus der Zukunft, von Johannes herkommst, ein Sohn des Johannes werden darfst, »Simon, Sohn des Johannes, liebst du mich?« Im Griechischen werden hier zwei verschiedene Worte für lieben verwendet. Agape ist die göttliche Liebe. Philia ist die menschliche Freundesliebe. Zweimal fragt Christus nach der göttlichen Liebe des Petrus: »Simon, Sohn des Johannes, liebst du mich?« In aller Demut erwidert dieser die Frage mit der menschlichen Freundesliebe: »Du weißt, daß ich dich lieb habe.« Wie konnte er sich anmaßen, von Agape zu sprechen, nachdem er den Herrn erst vor wenigen Tagen dreimal verleugnet hatte? Beim dritten Mal neigt sich Christus ihm zu mit der Frage nach der Freundesliebe: »Hast du mich lieb?« Er nimmt Petrus an in seiner Demut und Wahrhaftigkeit. Daß dieser traurig ist, die Frage nach der Liebe zu Christus dreimal gestellt zu bekommen, ist ein Zeichen dafür, wie tief es ihn schmerzt, ihn dreimal verleugnet zu haben. Hätte Petrus die Frage nach der Gottesliebe mit ja beantwortet, wäre das eine große Anmaßung gewesen. Es ist gerade die Trauer und der Schmerz über sich selbst, die illusionslose Selbsterkenntnis, die kaum zu ertragen ist, die ihn aber das Wesen Christi als Sündenheiler erleben läßt. Denn dessen Wort: »Folge mir nach« erhebt ihn in den Rang der Nachfolge Christi. Das ist der Beginn des Jüngerwerdens, den der Herr liebt. Ein Jünger Christi zu werden, das beginnt immer mit dem Erkennen der eigenen, verborgenen Seelentiefen. Nur wer sich davon erschüttern läßt, erfährt die Wahrheit des Johannes-Namens »Gott ist gnädig«. Denn er würde dieses Erlebnis gar nicht ertragen, ohne zugleich die Gnade dessen zu erfahren, der uns so liebt, wie wir sind, zur Freundesliebe fähig, aber noch lange nicht zur göttlichen Liebe, die das Böse in uns einbezieht. Das Erleben der eigenen Unwürdigkeit macht uns würdig, zur Nachfolge Christi gerufen zu werden.

Die Liebe des Christus erleben wir Menschen in unserer Liebe zu den Seinen, zu den Menschen, zu allen Wesen der Erde und der Himmel. Von ihm geliebt werden erzeugt nicht das Gefühl, in dem ich mich selbst fühle: Ach, wie lieb hat er mich – wie schön ist es, von ihm geliebt zu werden. Sondern seine Liebe, sein Wesen selber, das ja Liebe ist, erfahren wir in unserer Hingabe an andere, in unserem Liebenkönnen. Indem Petrus in dieser Weise ein ihn Liebender wird, erfährt er die Liebe des Christus.

Wie kann dies ein Urbild für uns heutige Menschen sein? Zunächst einmal müssen wir vernehmen, daß wir gemeint sind. Das Merkwürdige ist nämlich, daß es an einem Menschen selber liegt, ob er zuläßt, daß er gemeint ist, ob er sich ansprechen läßt als einer, der Johannes werden kann. Keiner kann sagen, daß er doch viel zu schwach, zu unbedeutend, zu unwürdig sei, denn das war Petrus auch. Er war nicht unter dem Kreuz, hat nicht mit dem Herrn gewacht und gebetet, hat ihn verleugnet, hat ihn nicht verstanden. Er sank unter, als er über das Wasser gehen wollte, aus Mangel an Vertrauen. Nicht, daß ein Mensch ohne solche Schwächen ist, bringt ihn auf den Weg zum Lieben, sondern daß er darüber »bitterlich weinen« kann, wie Petrus es tat, als der Hahn krähte. Und daß er sich betreffen läßt von dem neuen Namen des Menschen: Sohn des Johannes.

Keiner wehrt sich, ein Sohn Adams genannt zu

werden. Jeder fühlt, daß er als ein Mensch geboren ist. Aber ein Sohn des Johannes zu werden, das muß jeder selbst wollen. Dann wird er mitten im Erleben der Unwürdigkeit, der Unfähigkeit, im Spannungsfeld von Heil und Schuld doch auf sich beziehen das Wort des Christus: »Sohn des Johannes, liebst du mich?«

Es vergeht kein Tag, an dem diese Frage nicht jeden von uns erreichen kann. Aus den vielen kleinen Situationen des Alltags erreicht sie uns. Da ist die verwirrte alte Frau, die nicht mehr aufnimmt, was zu ihr gesprochen wird. Sie schaut den anderen verständnislos an. Der schaut durch die Augen dieses alten Menschen auf den Grund ihrer Seele und vernimmt die Frage des Christus: »Liebst du mich?« Da ist das Kind, das mit schlechtem Zeugnis nach Hause kommt. Mit Bangen verfolgt es, wie der Vater das Zeugnis liest. Dann blickt der Vater auf, schaut sein Kind an und vernimmt die Frage des Christus: »Liebst du mich?«

Da sind Ehepartner, die immer wieder durchleiden, wie der eine die Ordnung des anderen stört. Enttäuschung, Ungeduld, Zorn steigen hoch. Da sieht der eine den anderen, wie er gar nichts gemerkt hat oder wie er überlastet ist oder wie er gegen seine Schwäche verzweifelt kämpft, und er vernimmt aus ihm die Frage des Christus: »Liebst du mich?« Eine alte Frau sagte einmal nach vierzigjähriger Ehe: »Die Liebe lebt im Alltäglichen.« Wir dürfen es als eine Gnade verstehen, daß wir bei all unserem petrushaften Versagen immer wieder die Möglichkeit bekommen, seine Frage an uns gerichtet zu fühlen: » Liebst du mich?« und dann seinen Auftrag zu empfangen: »Weide meine Schafe«, wende dich denen zu, die ich liebe; wende dich den Menschen zu. Ich vertraue sie deiner Liebe an.

Am Ende des Johannes-Evangeliums stehen sie beide vor uns: Lazarus, der als einzelner ein Johannes wurde, und Simon Petrus, der aus der Gemeinschaft heraus gerufen wird. Zu Simon, Sohn des Johannes wird gesagt: Folge mir nach. Von Lazarus-Johannes, dem Jünger, den der Herr liebt, sagt Christus, »daß er bleibe, bis ich komme«. In jedem Johannes werdenden Menschen bleibt er, auch wenn er leiblich stirbt. Es wird hinzugefügt: »Dies ist der Jünger, der dies geschrieben hat, und wir wissen, daß sein Zeugnis wahr ist.«

In diesem letzten Satz verschmilzt das Johanneswesen mit dem einzelnen und auch mit der Gemeinschaft. Denn wer spricht da die Worte: »Dies ist der Jünger, der dies geschrieben hat«? Es ist doch der Schreiber, der Evangelist selbst, der aus seinem eigenen Schicksal heraus Johannes gewordene Lazarus. Zugleich sagt er: »Wir wissen, daß sein Zeugnis wahr ist.« »Wir«, das ist die Jüngergemeinschaft. Er spricht also mit diesem letzten Vers einerseits als der Jünger, den der Herr liebt, der dies geschrieben hat, und andererseits spricht der, der in dem Wir lebt, in der Gemeinschaft.

Aus dieser Gemeinschaft ist auch Simon, Sohn des Johannes hervorgetreten, der auf seine Weise dem Herrn nachfolgt als einer, der Christus liebt in allem, was ihm begegnet, der seine Schafe weidet. Diese beiden, Petrus und Lazarus, sind unter der Führung des auf der Erde wandelnden Christus Jesus ein Urbild für die zukünftige Menschheit, die aus solchen sich bilden wird, die seine Jünger geworden sind. Ob sie als einzelne den Einweihungsweg erfahren wie Lazarus oder aus der Gemeinschaft heraus zu Johannesmenschen werden wie die Zwölf – die Welt wird sie daran erkennen, daß sie lieben.

Es gibt Evidenzerlebnisse, die jeder Mensch kennt. Da spüren wir einfach: Jetzt stimmt es. Ich bin mit mir selbst in Einklang. Ich bin mit der Situation und den dazugehörigen Menschen, ich bin mit dem Schicksal in Einklang. Es stimmt, weil ich plötzlich erfahre, nichts, weder das Schlimme noch das Erfreuliche geschieht außerhalb der allumfassenden Gottheit. Solche Momente lassen sich nicht erklären, aber wir erleben darin, was Wahrheit ist, und wir erleben darin, was Liebe ist, wir erleben die Gnade, lieben zu können, die Gnade, geliebt zu werden, und das ist zugleich das Erleben der Wahrheit des Johannes-Namens »Gott ist gnädig« - der sich in solchen Augenblicken an uns erfüllt. Nur wo das geschieht, ist Freiheit.

Der rumänische Schriftsteller Dimitri beschreibt in seinem Buch »Incognito«, wie er in qualvoller politischer Kerkerhaft war. Da wurde ihm die Gnade zuteil, dieses Schicksal als zu sich gehörig zu erkennen und anzunehmen. In diesem Augenblick durchflutete ihn eine Liebe, wie er sie nie zuvor gekannt hat, die auch seine Peiniger einschloß. Und er fühlte, daß in dieser schlimmen Lage für ihn alles stimmte. Das machte ihn innerlich frei. Wahrheit und Liebe machten ihn frei.

Ganz langsam, ganz unscheinbar und doch mit spürbarem Strahlen wächst die Johannesmenschheit in einer vom Tod bedrohten Welt heran. Es erfüllt sich das Christus-Wort und möge sich immer mehr erfüllen:

»Das ist der Auftrag, den ich euch gebe: Liebet euch untereinander so, wie ich euch geliebt habe. Eine größere Liebe kann niemand haben als die, sein Leben hinzugeben für seine Freunde. Ihr seid meine Freunde, wenn ihr dem Auftrag folgt, den ich euch gebe. Ich kann euch nicht mehr Knechte nennen, denn der Knecht weiß nicht, was sein Herr tut. Ich nenne euch Freunde, weil ich euch alles habe erkennen lassen, was mir durch meinen Vater kundgeworden ist. Ihr habt nicht mich erwählt, sondern ich habe euch erwählt. Ich habe euch die Kraft gegeben, wenn ihr die Erde verlaßt, eure Lebensfrüchte durchzutragen und ihnen Dauer zu verleihen, auf daß der Vater euch gebe, was ihr in meinem Namen erbittet. Dies ist das Ziel, das ich euch gebe, daß ihr euch untereinander liebet.«

So gehen wir den Weg aus der Fesselung der Adam-Menschheit hin zur Freiheit der Johannes-Menschheit:

Es ward ein Adam, von Gott gesandt, mit seinem Namen: Johannes, Gott ist gnädig.

Johanneische Dreieinigkeit

Dreimal berichtet das Johannesevangelium von Ereignissen, in denen der Jünger, den der Herr liebt, der beim Abendmahl an seiner Brust gelegen hat, genannt wird. Die anderen Evangelisten erwähnen diese Ereignisse nicht. Wir sahen schon weiter oben, daß Johannes nicht vom Abendmahl spricht, statt dessen aber von den Abschiedsreden Jesu, die er dem Kreis der zwölf Jünger anvertraut. Wo aber die Zwölf versammelt sind, da ist auch ihr Gruppengeist, ihr Genius geistig anwesend, Johannes der Täufer. So wie er die Zwölfheit der Jünger durchdringt, so durchdringt er auch den Einen, den einzelnen, seitdem dieser die Einweihung erfuhr: Lazarus-Johannes.

Für diesen Johannes ist der Leib kein Hindernis mehr, um in der geistigen Welt bewußt zu leben. Er kann geistig an einem Ort anwesend sein, auch wenn er sich leiblich woanders befindet. So erlebt er den geistigen Aspekt des Abendmahls und ist dem Herzen Jesu geistig am nächsten. Irdisch räumlich war es Johannes Zebedäus, der beim Abendmahl an der Brust Jesu lag.

So sind in dieser Szene alle drei Individualitäten, die den Namen Johannes tragen, ineinander verwoben. Leiblich ist anwesend einer von den Zwölfen. Er bringt ins Bild, was sonst unsichtbar bliebe, daß das wahre Jüngerwesen, der Jünger, den der Herr liebt und der den Johannesnamen erfüllt, am Herzen Christi alles vernimmt und erkennt, was dieses Herz durchlebt. Keiner der leiblich anwesenden Jünger vermochte das. Der dritte Johannes, durch den die zwölf Jünger zu Stammvätern eines geistigen Volkes wurden, durchdrang den einzelnen, der geistig anwesend war, und durchdrang ebenso die Jüngergemeinschaft, die leiblich anwesend war. Johannes der Täufer wirkte in diesem Abendmahlsgeschehen geistig-physisch im Jüngerwesen; geistig in Lazarus-Johannes, physisch in der Zwölfheit der Jünger, repräsentiert durch den, der seinen Namen trug, Johannes Zebedäus.

Durch diesen kam die Seele der Jüngergemeinschaft ihrem Herrn so nahe, daß er sie nicht mehr Knechte, sondern Freunde nannte.

Durch ihn war auch der dritte Johannes repräsentiert, der, vom Genius der Jüngerschaft durchdrungen, geistig am Herzen Jesu lauschte und erkannte, was geschah. Aus den Abschiedsreden im Johannesevangelium geht immer wieder hervor, daß die Jünger nicht verstanden, was Jesus zu ihnen sprach, aber sie waren in ihrer Seele ungeheuer angerührt und bewegt. Der einzige, der ihn verstanden hätte, war leiblich nicht dabei, Johannes-Lazarus, der Jünger, den der Herr liebt. Darum konnte Christus auch zu ihnen sagen: »Siehe, es kommt die Stunde und ist schon gekommen, da ihr alle auseinander getrieben werdet in die Vereinzelung und *mich allein lasset*« (Joh 16,32).

Wäre dieser Johannes beim Abendmahl dabeigewesen, hätte Christus das so nicht sagen können. Das Johannesevangelium ist in allem sehr genau. Es wäre, mindestens in Klammern, hinzugefügt worden: Nur einer war es, der ihn nicht allein ließ, der mit seiner Mutter unter dem Kreuz stand. Die zwölf Jünger nahmen mit ganzer Seele an dieser letzten Stunde mit ihrem Herrn teil, sie liebten ihn, und er liebte sie. Der Jünger Johannes Zebedäus bringt diese Liebe der Zwölf auch zum Ausdruck durch das Liegen an des Herren Brust. Sie waren einander seelisch nahe wie Brüder. Aber sie erkannten nicht, was geschah.

So ist in dieser Abschiedsstunde das dreifache Johanneswesen wirksam. Johannes der Täufer, der zum Bilde des Vatergottes wird, indem er geistig-physisch unter den Jüngern wirkt, geistig in Johannes-Lazarus, physisch im Kreis der Zwölf, repräsentiert durch Johannes Zebedäus. Dieser ist erst auf dem Wege, zusammen mit den anderen ein Bruder Christi zu werden, ein Mensch, in dem Christus lebt und ihn dadurch zu seinem Bilde macht. Johannes Lazarus wird in bestimmten Augenblicken zum Bild des Heiligen Geistes, durch den er das Göttliche erkennend ergreift und von ihm ergriffen wird. Nur so konnte er sein Evangelium schreiben. Im Geschehen der Abschiedsreden beginnt es, daß alle drei Johannes-Menschen zusammenwirken und so als Dreieinigkeit im Jüngersein zum Bilde des dreieinigen Gottes werden.

Die nächste Stufe in diesem Prozeß ereignet sich unter dem Kreuz. Wieder ist es nur das Johannesevangelium, das diese Stufe schildert. Es stehen da drei Frauen. Eine von ihnen ist die Mutter Jesu. Sie wird im Johannesevangelium immer so und nicht Maria genannt. Vom Kreuz herab sagt Christus zu ihr: »Siehe dein Sohn« und zu dem Jünger, den der Herr liebt, sagt er: »Siehe deine Mutter.« Und von Stund an nahm sie der Jünger zu sich.

Die Mutter wurde vom Heiligen Geist durchdrungen im Erleben von Empfängnis und Geburt. Im Bekenntnis der Christengemeinschaft wird das formuliert: »Jesu Geburt auf Erden ist eine Wirkung des Heiligen Geistes, der, um die Sündenkrankheit an dem Leiblichen der Menschheit geistig zu heilen, den Sohn der Maria zur Hülle des Christus bereitete.« Maria, die Mutter Jesu, verbindet sich auf weibliche Weise mit dem Heiligen Geist. Die Menschenseele empfängt und gebiert den in Ewigkeit geborenen Sohn und wird dadurch eins mit dem Wesen des Heiligen Geistes, mit dem Engelwesen der ganzen Menschheit. Er lebt in aller Geburt, die Geistiges im Leiblichen zur Erscheinung bringt.

Der Mensch wird nicht nur leiblich geboren. Er kann im Laufe des Lebens durch viele Geburten gehen. Immer geschieht es, indem das Seelenwesen vom Geist durchdrungen wird. Das kann eine wahre Idee, eine übersinnliche Erfahrung sein, das kann ein Schicksal, das kann eine Menschenbegegnung sein, durch die es geschieht. Der Heilige Geist in weiblicher Gestalt, wie er auf Ikonen oder im iroschottischen Christentum dargestellt wird, wirkt durch Geburt und Neugeburt.

Der Jünger, der unter dem Kreuz stand, hat sich auf männliche Weise mit dem Heiligen Geist verbunden, durch das Erleben des Todes als einer Wandlungskraft. So wurde er aus einem »reichen Jüngling« zu einem »Jünger, den der Herr liebt«. Der Tod ist nicht nur, wie Goethe sagte, »ein Kunstgriff der Natur«, sondern auch ein Kunstgriff des Geistes, »viel Leben zu haben«, geistiges Leben, Leben im Geiste.

Die männliche Verbindung zum Heiligen Geist geht durch das Sterben. Unter dem Kreuz erlebt die Frau das Schicksal Christi als Sterben, und der Mann erlebt es als die Geburt einer neuen Menschheit, einer Johannes-Menschheit, die den Christus nicht mehr außer sich, sondern in sich fühlen wird. So nimmt die Mutter den Jünger an, sie nimmt zum Geburtserlebnis das Todeserlebnis hinzu. Und der Jünger nimmt die Mutter zu sich, zur Todeserfahrung fügt sich die Geburtserfahrung hinzu. Das Zusammenwirken dieser beiden Menschen beginnt in dieser Stunde unter dem Kreuz und wirkt weiter, wo immer Menschen den Tod als Geburt erleben und Geburt als das Hervorgehen des Christuswesens aus der Gemeinschaft von zwei oder drei in seinem Namen Versammelten. Sie werden Ebenbild Gottes, des Heiligen Geistes.

Weder Johannes der Täufer noch die zwölf Jünger waren leiblich zugegen, als das geschah. Aber Johannes-Lazarus war von dem Wesen des Täufers Johannes durchdrungen und trug mit ihm den Genius der Jüngergemeinschaft in sich. So war es im Geiste die johanneische Dreieinigkeit, die Anteil hatte am Golgatha-Geschehen. Auf der Erde waren es die beiden Repräsentanten des Heiligen Geistes:

Maria-Sophia, die göttliche Weisheit, und Johannes, der die göttliche Weisheit in seinem Evangelium und in der Apokalypse schaute und ins Wort brachte.

Das dritte Ereignis, in dem der Jünger genannt wird, den der Herr liebt, ist der Fischzug mit dem anschließenden Morgenmahl in Gegenwart des Auferstandenen. Hier sind es nicht die Zwölf, die mit Petrus hinausfahren, sondern Sieben. Die ursprüngliche Zwölfheit der Jünger, wie sie zu Beginn der drei Erdenjahre von Jesus berufen wurde, ist durch den Hingang des Judas schon nicht mehr vollzählig. Erst nach der Himmelfahrt wird durch das Los ein Zwölfter wieder dazu gewählt. Die Zahl des Tierkreises, der Fixsterne um die Sonne, wie sie im Abendmahl so urbildhaft erscheint, ist in diesen vierzig Tagen zwischen Ostern und Himmelfahrt durchbrochen. Statt dessen finden sich die Jünger in der Siebenzahl der Planeten, der beweglichen Wandelsterne zusammen. Fünf davon werden mit Namen genannt, und Johannes Zebedäus ist dabei. Zwei von ihnen werden nicht mit Namen genannt, aber später wird gesagt, daß der eine von ihnen Petrus darauf aufmerksam macht, daß es der Herr sei, der am Ufer auf sie wartet. Und er wird genannt: »der Jünger, den der Herr liebt« und weiter: »der beim Abendmahl an seiner Brust lag«.

Es ist also die Bezeichnung, die der Evangelist Johannes immer verwendet, wenn er von sich selbst spricht. Den Namen Johannes verwendet er nur für den Bruder des Jakobus, den Zebedäussohn. Es ist die einzige Geschichte im Evangelium, in der auf diese Weise beide als leiblich anwesend genannt werden, Johannes Zebedäus und »der andere Jünger«, der, »den der Herr liebt«. Er, der als Lazarus von Christus eingeweiht wurde, ist der einzige, der ihn erkennt und ausspricht, wen er erkennt. Von den anderen wird gesagt, daß sie ihn nicht fragten, wer er sei, es aber doch wußten. Es bildet sich also in diesem Geschehen nach Ostern eine neue Jüngerkonstellation. Christus ist nicht mehr der Geist der Sonne, die durch den Tierkreis wandert. Er ist der Geist der Erde geworden, hat die Erde zu seinem Leib gemacht und die Menschheit zu seiner Seele. Die sieben Jünger entsprechen den Planeten, die auf beweglichen Bahnen der Erde verbunden sind. Wenn auch heute zu den sieben noch zwei Planeten hinzugekommen sind, so stehen die sieben doch in einem besonderen Verhältnis zur Erde, zu ihrem Zeitrhythmus von sieben Tagen der Woche.

Vielleicht darf man dem Jünger, den der Herr liebt, die Sonne zuordnen im Sinne der alten Planetenzählung. Ein solcher Mensch, der so benannt werden kann, trägt die Christusliebe so in sich, daß sie nach außen strahlt. Und das Christuswesen, der Erde- und Menschheit durchdringende Liebegeist, trägt diese Johannes-Jünger so in sich, daß, geistig gesehen, durch ihr Strahlen in Christus und Christi Strahlen in ihnen die Erde beginnt, Sonne zu werden. So wie es Christian Morgenstern in Gedichtform gebracht hat:[18]

Licht ist Liebe ... Sonnen Weben
Liebes-Strahlung einer Welt
schöpferischer Wesenheiten –

die durch unerhörte Zeiten
uns an ihrem Herzen hält,
und die uns zuletzt gegeben

ihren höchsten Geist in eines
Menschen Hülle während dreier
Jahre: da Er kam in Seines

Vaters Erbteil - nun der Erde
innerlichstes Himmelsfeuer:
daß auch sie einst Sonne werde.

Die Liebe ist der Sinn der Erde. Im Ostergebet der Christengemeinschaft heißt es: »Christus ist euch als Erdensinn erstanden«, das heißt als das Liebewesen. Das durften die sieben Jünger erfahren, als sie ihm am Gestade vom See Genezareth begegneten. Der Evangelist Johannes, der das Abendmahl in seiner Einsetzung nicht beschreibt, schildert als einziger dieses Morgenmahl nach der Auferstehung Christi. Die Jünger, die da erwähnt werden, haben alle schon etwas ganz Persönliches mit Christus erlebt. Von den dreien, die besonders von ihm herausgerufen waren, um Erlebnisse im Umkreis des Todes durchzumachen, haben wir schon gesprochen, von Petrus und den Brüdern Jakobus und Johannes. Nathanael hat schon bei seiner Berufung erlebt, daß Christus ein Meister ist und ihn im Geiste wahrgenommen hatte, noch bevor Philippus ihn rief (Joh 1, 47-51). Andreas war es, der vor der Speisung der Fünftausend auf den Knaben wies, der die fünf Brote und zwei Fische trug. So konnte durch seine Offenheit für das Christuswesen mit Hilfe dieser Substanzen die Speisung vollzogen werden.

Thomas hatte in der Begegnung mit dem Auferstandenen seinen Zweifel überwunden und Christus als seinen Herrn und Gott erkannt. Der Jünger, den der Herr liebt, war ja durch Christus selbst dazu geworden, war der Erste, der das Ziel jedes Menschen, ein Johannes zu werden, schon erreicht hatte. Der Siebte bleibt noch ungenannt. Er mag für alle stehen, die diese Jüngerschaft anstreben durch die Jahrtausende bis zur Vollendung, wenn die Erde wirklich zu einer von Licht strahlenden Sonne geworden ist.

So sehen wir, wie beim Abendmahl die Gemeinschaft der Zwölf um den Dreizehnten Träger des Johanneswesens war. Durch die Tat des Judas zerbrach diese Zwölfheit. Beim österlichen Morgenmahl waren es sieben, die als einzelne ihre ganz eigenen, biographischen Begegnungen und Wandlungen mit Christus erlebt hatten. Jeder war dadurch auf den Weg gekommen, ein Johannes zu werden. Der erste war Lazarus-Johannes. Zuletzt wurde Petrus, der durch seine Verleugnung den Weg verloren hatte, von Christus wieder auf diesen Weg gebracht durch die dreimalige Liebesfrage.

Im letzten Kapitel des Johannesevangeliums wird uns gezeigt, wie in Zukunft die Menschen Jünger des Christus werden. Vor seiner Tat auf Golgatha gab es die Gemeinschaft, aus der heraus einzelne den Weg gingen, Johannes zu werden. Der Geist von Johannes dem Täufer war der Engel ihrer Gemeinschaft, und einige fanden aus diesem gemeinsamen Geist heraus den Weg zur Jüngerschaft. Und doch verließen sie alle ihren Herrn, konnten noch nicht bestehen. Nur der eine, der nicht der Gemeinschaft des Gruppengenius angehörte, verband sich als einzelner, durch Christus vom Tod zur Erweckung geführt, mit diesem Genius Johannes, genannt der Täufer.

Nach der Auferstehung Christi kommt es darauf an, daß jeder sein ganz eigenes Schicksal mit Christus ergreift, ein Jünger wird auf dem Wege von der Adam-Menschheit zur Johannes-Menschheit. Das offenbart sich zu Pfingsten, wo über dem Haupt jedes einzelnen die Flamme erscheint und nun eine Gemeinschaft entsteht, die weder nach der Zwölfheit noch nach der Siebenheit geordnet ist, sondern das dreifache Johanneswesen in sich trägt »zum Bilde Gottes«. Leonardo hat ja in seinem Abendmahlsbild die Gemeinschaft der Zwölf in Gruppen zu dreien dargestellt. Nicht daß man der göttlichen Trinität jeweils einen Jünger zuordnen könnte. Sie wirkt als Dreiheit in jedem. Aber das Johanneswesen in den drei Menschen, die damals diesen Namen trugen, repräsentiert das Bild Gottes als drei in eins und eins in drei.

Wer heute ein Jünger Christi werden will, muß sich üben, wie Er das Menschentum zu lieben, ob es geschändet oder zum Strahlen gebracht wird. Er muß sich auch üben, die Erde zu lieben als Ihm Angehöriges. Bruder des Christus kann nur werden, wer sein eigenes Schicksal wie Er mit dem Schicksal anderer Menschen und der Erde verantwortlich und hingebend verbindet. Wer heute ein Johannes werden will, muß sich üben, Geistiges im Irdischen wahrzunehmen und zu erkennen: das geistige Prinzip in der Natur, wie es Goethe entdeckte und darstellte, wie auch im Schicksal der Menschen und im Ergreifen des Geistes im zweckfreien, reinen Denken.

Wer heute ein Jünger werden will, den der Herr liebt, der muß bereit sein, zum Vater zu gehen, das heißt durch Todes-, durch Sterbeerlebnisse zu gehen. Christus sprach vom Tod, wenn er sagte: Ich gehe zum Vater. Erst wenn der Tod, ob innerlich oder äußerlich, ob seelischer oder leiblicher Tod, als ein Gehen zum Vater erlebt wird mit all dem Vertrauen, das dazu gehört und durch das wir die Angst in der Welt überwinden, erst dann beginnen wir, auch ein Bild des Vaters zu werden. In unserem Christ-Werden wird das dreifaltige Johanneswesen wieder eines. Denn auch für den Menschen, der ein Werdender ist, wie für die Gemeinschaft, die eine Werdende ist, weil ihre Glieder den Christus in sich fühlen, gilt dann sein Wort: »Ich und der Vater sind eins«, und das andere: »Ich im Vater, ihr in mir, ich in euch« (Joh. 14, 20).

Anmerkungen

1. Siehe Rudolf Steiner, Das Lukas-Evangelium, 5. Vortrag, GA 114, Dornach, 8. Aufl. 1985
2. Mt 17, 10-13
3. Joh I, 21
4. Mt II,11-15
5. Joh 21, 2
6. Rudolf Steiner, Das Christentum als mystische Tatsache und die Mysterien des Altertums, GA 8, Dornach, 9. Aufl. 1989
   Emil Bock, Beiträge zur Geistesgeschichte der Menschheit, Bd.6, Die drei Jahre, Stuttgart, 8. Aufl. 1992
   Rudolf Meyer, Die Wiedergewinnung des Johannes-Evangeliums, Stuttgart 1962
   Rudolf Frieling, Gesammelte Schriften zum Alten und Neuen Testament, Bd. 3: Christologische Aufsätze. Der Weg des Jesus Christus. Heilungen, Gleichnisse, Apostelzeugnisse, Stuttgart 1982
7. Rudolf Steiner, Kosmogonie, GA 94, Dornach 1979
8. Joh 19, 27
9. Joh 9,9
10. Bekenntnis der Christengemeinschaft
11. Mk 3, 16-17
12. Joh 21,15-17
13. Mt 16, 17

14 Joh 15, 16
15 Joh 11,4
16 1. Kor 12, 27
17 Mk 8, 30-33
18 Christian Morgenstern – Werke und Briefe. Stuttgarter Ausgabe. Bd. II: Lyrik 1906-1914, Stuttgart 1992

Erschienen 1997 im Verlag Urachhaus

ISBN 3-8251-7127-2
© 1997 Verlag Freies Geistesleben & Urachhaus GmbH,
Stuttgart
Umschlag: Walter Schneider unter Verwendung eines
Gemäldes von Sonia van der Klift, Den Haag
Druck: Offizin Chr. Scheufele, Stuttgart